CASES EM HOTELARIA

William F. Rodrigues

Cases em Hotelaria

COMO SUPERAR OS OBSTÁCULOS NO DIA A DIA DE UM HOTEL

Editora Senac Rio de Janeiro – Rio de Janeiro – 2016

Cases em Hotelaria: como superar os obstáculos no dia a dia de um hotel © William F. Rodrigues, 2016.

Direitos desta edição reservados ao Serviço Nacional de Aprendizagem Comercial – Administração Regional do Rio de Janeiro.

Vedada, nos termos da lei, a reprodução total ou parcial deste livro.

SISTEMA FECOMÉRCIO RJ
SENAC RJ

Presidente do Conselho Regional do Senac RJ
Orlando Santos Diniz

Diretor de Negócios do Senac RJ
Marcelo Jose Salles de Almeida

Editora Senac Rio de Janeiro
Rua Pompeu Loureiro, 45/11º andar
Copacabana – Rio de Janeiro
CEP: 22061-000 – RJ
comercial.editora@rj.senac.br
editora@rj.senac.br
www.rj.senac.br/editora

Editora
Karine Fajardo

Prospecção
Emanuella Feix, Manuela Soares e Viviane Iria

Produção editorial
Cláudia Amorim, Jacqueline Gutierrez
e Thaís Pol

Preparação de originais e copidesque
Elvira Cardoso

Projeto gráfico e ilustrações
Reinaldo Lee

Impressão: Rettec Artes Gráficas e Editora Ltda.
1ª edição: março de 2016

CIP-BRASIL. CATALOGAÇÃO-NA-FONTE
SINDICATO NACIONAL DOS EDITORES DE LIVROS, RJ

R611c
    Rodrigues, William F.
    Cases em Hotelaria : como superar os obstáculos no dia a dia de um hotel / William F. Rodrigues. - 1. ed. - Rio de Janeiro : Ed. Senac Rio de Janeiro, 2016.
    248 p. : il. ; 23cm

    Glossário
    ISBN 978-85-7756-340-1

    1. Hotéis - Administração. 2. Hospitalidade. 3. Turismo. I. Título.

16-29573   CDD: 647.94
                                                               CDU: 640.4

Dedico este livro a todos aqueles que ingressaram nesta carreira maravilhosa que é a Hotelaria, assim como a todos que desejam fazer parte dessa profissão que muito me orgulho de ter escolhido. Esta obra retrata as muitas variáveis que ocorrem no dia a dia desses profissionais, em que a palavra "rotina" praticamente não existe.

SUMÁRIO

Prefácio	9
Agradecimentos	11
Introdução	13
Capítulo 1 — A Hotelaria na prática	15
Capítulo 2 — *Cases* de Recepção	27
Capítulo 3 — *Cases* de Reservas	57
Capítulo 4 — *Cases* de Governança	73
Capítulo 5 — *Cases* de Controladoria	93
Capítulo 6 — *Cases* de Recursos Humanos	105
Capítulo 7 — *Cases* de Manutenção	127
Capítulo 8 — *Cases* de Alimentos e Bebidas	135
Capítulo 9 — *Cases* de Marketing e Vendas	151
Capítulo 10 — *Cases* de Eventos	161
Capítulo 11 — *Cases* de Segurança	175
Capítulo 12 — *Cases* de Gerência Geral	197
Capítulo 13 — Murphy na Hotelaria	223
Glossário	227

PREFÁCIO

Ao longo de mais de três décadas de atuação no ramo hoteleiro, vivenciei muitas situações consideradas comuns no dia a dia dos profissionais da área, mas que muito acrescentaram à minha bagagem profissional. Apesar de renderem inúmeras e boas histórias, poucas alcançam registro escrito. Várias ficam, quando muito, na memória daqueles que, de modo direto ou indireto, participam ou ficam sabendo do fato. Com base nessa premissa e para preencher essa lacuna, resolvi reunir, nesta obra, alguns dos casos que tanto enriqueceram minha carreira.

Para aqueles que pouco sabem sobre Hotelaria mas têm curiosidade sobre o tema, este livro se inicia com uma breve descrição dos principais departamentos e setores de um hotel e das atividades relacionadas a cada uma dessas áreas.

Em seguida, são apresentados os relatos, que, distribuídos de forma ordenada e segmentada, sempre se correlacionam com os departamentos ou setores envolvidos. E, ao fim de cada caso, uma ou duas perguntas conduzem ao debate sobre o tema – discussões que podem ocorrer nas salas de aula ou até mesmo na rotina dos hotéis, entre os funcionários.

Não pretendi, com este livro, criar um mero compêndio de histórias, e sim um repertório que possa servir de apoio a todos que trabalham no ramo hoteleiro ou que nele desejam ingressar. Espero, assim, que o conteúdo aqui apresentado seja útil tanto à capacitação dos profissionais hoteleiros como ao desenvolvimento de novos trabalhadores no setor, e que esta obra propicie a todos uma agradável leitura.

AGRADECIMENTOS

Com mais de 30 anos no setor hoteleiro tive o privilégio de trabalhar com inúmeros profissionais que muito auxiliaram na minha formação profissional. Com eles convivi em diversas situações inusitadas, e uma grande parte delas encontra-se neste livro. Nunca poderia deixar de agradecer a profissionais como Liézio Abrantes de Souza e Rogério Cura Vasquez, que, com muita paciência e em pleno Carnaval, me ensinaram os primeiros passos da Hotelaria. À sra. Regina Santos, que incentivou e me deu as primeiras oportunidades de crescimento. Ao sr. Vitor Rodrigues que, em um momento de dificuldade na minha carreira, soube me mostrar que eu tinha talento e que cresceria se assim o quisesse. A todos aqueles que dividiram comigo o balcão de uma recepção e me auxiliaram a enriquecer meus conhecimentos. Enfim, aqui não haveria espaço suficiente para citar o nome de todos que, de uma forma ou de outra, contribuíram para o que sou hoje.

Gostaria de fazer um agradecimento especial a Andrea Tacoshi, a qual acreditou na criação desta obra e abriu as portas da Editora Senac Rio de Janeiro para que eu pudesse apresentá-la. Também não poderia deixar de agradecer a Cláudia Amorim e Karine Fajardo e ao restante da equipe editorial, que trabalharam na revisão e na finalização desta obra.

Para encerrar agradeço a DEUS, que me afortunou com uma família maravilhosa, me deu tantos amigos e ainda me rodeou de excelentes profissionais.

INTRODUÇÃO

Esta obra apresenta, aos atuais e futuros profissionais hoteleiros, uma série de casos ocorridos em hotéis por todo o Brasil. Por meio de relatos descritos de forma clara e acessível, são expostas as situações e as providências tomadas pelos gestores na busca das soluções mais adequadas.

Para auxiliar, principalmente, estudantes de Hotelaria e Turismo, bem como profissionais que desejam ingressar no ramo hoteleiro e desconhecem seu funcionamento, no início deste livro há uma visão geral sobre os departamentos de um hotel e suas principais atividades.

Na sequência, estão os casos (*cases*) que compõem esta obra, reunindo, em forma de relatos, todo o trabalho realizado e as situações vivenciadas por profissionais no dia a dia dos departamentos e setores que constituem a Hotelaria.

Apesar de os *cases* serem apresentados em capítulos específicos para os departamentos descritos no Capítulo 1, o leitor terá a oportunidade de aprender e apreender mais e mais, pois, à medida que são relatadas as situações, outros setores do hotel são envolvidos, e mais experiências são passadas.

Além disso, os relatos apresentados consistem em análises nas quais há a constante preocupação de incluir os pontos positivos, os desafios, as ponderações pertinentes às situações em questão, as providências adotadas, os aspectos legais que respaldam certas tomadas de decisão, os resultados atingidos e a avaliação da eficácia das operações.

No entanto, com este livro, não se pretende estabelecer juízo de valor sobre a conduta moral e ética dos hóspedes. Por meio dos exemplos empíricos aqui expostos e das sugestões de soluções apresentadas, tenciona-se mostrar ao profissional ou ao estudante que esse mercado é rico em situações humanas *sui generis*, complexas e, muitas vezes, delicadas. Partindo dessa visão – que é tão somente calcada na experiência de quem vivencia esse mercado –, almeja-se fomentar a discussão e a ponderação sobre casos afins.

As histórias aqui apresentadas não têm nenhuma alusão preconceituosa, e as atitudes e/ou providências adotadas nos casos descritos não refletem uma sugestão nem postura a ser seguida nem de uma tendência. Em vez disso, o objetivo é suscitar a reflexão e o debate, especialmente por parte dos profissionais da área, trazendo à luz casos que poderão repetir-se no dia a dia do mercado hoteleiro ou apresentar-se de forma semelhante.

Como se sabe, a prática muitas vezes põe em xeque os conceitos aprendidos. Por isso, é muito importante que se tome contato com as experiências já vividas por outros, para que se consiga buscar soluções mais rapidamente após haver trilhado o caminho da reflexão sobre situações similares.

Para enriquecer mais a experiência, após cada uma das situações são elaborados questionamentos que poderão ser utilizados para debates em sala de aula ou mesmo para motivar o leitor a uma pesquisa mais aprofundada sobre determinados temas.

Por fim, um glossário reúne os principais termos da Hotelaria citados neste livro e seus significados.

Nota: Ainda que as histórias aqui narradas sejam verdadeiras, os nomes de pessoas porventura nela citados são fictícios, e qualquer semelhança com nomes reais será mera coincidência.

1

A Hotelaria na
PRÁTICA

Este capítulo traz uma visão geral sobre como um hotel é composto e suas mais importantes atividades. Para melhor visualização, destacamos, na figura a seguir, os principais departamentos de um hotel.

Figura 1.1: Organograma dos departamentos de um hotel
Fonte: Elaborada pelo autor.

Agora que já foram representados na figura os nomes dos departamentos que essencialmente compõem um hotel, é hora de conhecer as atividades mais importantes de cada um deles.

RECEPÇÃO

Departamento que comporta diversas subdivisões, tais como **concierge**, telefonia, **mensageria**, manobristas ou *garage* e recepções exclusivas para andares especiais. Em alguns casos, os setores de Reservas e de Lazer (em *resorts* e **hotéis-fazenda**) podem também estar subordinados à gerência da Recepção.

Em linhas gerais, é pela recepção que os clientes ingressam no hotel. Nesse local, é efetuado o *check-in* (registro do hóspede, mediante o preenchimento da **Ficha Nacional de Registro de Hóspedes [FNRH]**), assim como o *check-out* (momento em que o hóspede encerra sua conta e deixa o hotel).

Os setores da Recepção estão descritos a seguir.

Concierge: pode ser independente da recepção ou com esta formar um setor único que desenvolve tanto as atividades de *check-in* e *check-out* como as demais tarefas realizadas com o intuito de valorizar o cliente. Destacam-se entre elas: venda de passeios turísticos, aluguéis de automóveis e de celulares, compra de ingressos para shows, cinemas e peças de teatro, reservas de restaurantes, envio de correspondências e informações de modo geral.

Telefonia: é o setor relacionado com os atendimentos telefônicos internos e externos de todo o hotel. Recebe e efetua ligações para clientes (hóspedes e clientes de restaurantes e eventos) e funcionários. Também é o responsável pela *wake up call* (ligação para acordar o hóspede no horário por ele solicitado). Seus profissionais são, muitas vezes, bilíngues ou até poliglotas.

Mensageria: é o setor formado por **capitães-porteiros** e mensageiros. É de responsabilidade do **capitão-porteiro**, que fica junto à porta principal do hotel, realizar o primeiro contato com os clientes que chegam ao estabelecimento. Ele retira as malas dos táxis, ônibus ou veículos particulares e encaminha-as a um mensageiro, que as conduz para o interior do hotel. Se o veículo for de propriedade do cliente ou mesmo alugado, o **capitão-porteiro** também se responsabiliza por conduzi-lo ao estacionamento.

Os mensageiros têm como principal atividade levar as malas dos hóspedes aos quartos e retirá-las no momento de sua saída do hotel, mas também realizam outras tarefas, como compra de medicamentos, de ingressos para shows, teatros e outras atividades de entretenimento. Eventualmente, os mensageiros realizam serviços bancários e outras ações de apoio à operação externa do hotel.

Garage: setor que tem a função de receber o veículo do cliente (diretamente dele ou do **capitão-porteiro**) ao chegar ao hotel, guardá-lo no estacionamento e devolvê-lo quando solicitado. Vale ressaltar que inúmeras regras devem ser seguidas para se evitar qualquer tipo de dano ao veículo.

Reservas: sua condição varia de hotel para hotel. Em alguns estabelecimentos, é um departamento independente, mas subordinado ao gerente geral; em outros, um subdepartamento do departamento de Recepção ou do departamento de Vendas. Aqui será tratado como um departamento independente, sobre o qual falaremos mais adiante.

Lazer: comum em **hotéis-fazenda** e *resorts*, em um organograma como o da Figura 1.1, é possível encontrar esse setor subordinado à gerência de Recepção ou como um departamento independente subordinado diretamente à Gerência Geral. É responsável pelo entretenimento dos hóspedes durante suas estadas, procurando coordenar atividades na piscina, caminhadas, jogos, *fitness center* (sauna, sala de ginástica, piscina) e muitas outras modalidades de diversão.

Obs.: Em alguns hotéis, é comum haver andares especiais destinados a um público diferenciado: executivos, políticos, artistas e outros. São várias as denominações para esses andares, a saber: ***master floors***, **andares executivos**, *VIP clubs*, ***president's floors***, **towers** etc. Normalmente, é criada uma recepção exclusiva, que pode ser um local específico no *lobby* ou mesmo no *hall* dessas áreas privativas.

RESERVAS

Departamento independente que pode ser subordinado ao de Vendas ou ao de Recepção, de acordo com a estrutura do hotel ou com a cultura da empresa. É responsável direto pela efetivação das reservas solicitadas pelos clientes ao hotel.

Para a execução de suas tarefas, utilizam-se basicamente programas de computador voltados para processos de reserva, e-mails, internet, linhas telefônicas com fax, centrais de atendimento – algumas com ligações sem custo para os clientes –, além de funcionários treinados para a efetivação das vendas. Suas atividades principais são a geração de reservas individuais e de grupos, o controle da ocupação e da venda* de apartamentos e, em momentos de baixa ocupação, procuram efetuar o telemarketing com empresas e agências que interagem com o hotel.

---

* No mercado hoteleiro, é comum usar o termo "venda" no lugar de "aluguel".

GOVERNANÇA

Departamento que tem como atividade principal a limpeza do hotel – incluindo quartos, áreas sociais e de serviço, restaurantes e bares. Abrange vários setores, como os relacionados a seguir.

Andares: o quadro de funcionários desse setor se resume a supervisoras ou supervisores e arrumadeiras ou arrumadores.

Faxina: o quadro desse setor é composto pelo chefe de faxina e por faxineiros, responsáveis pela limpeza das áreas sociais e de serviços.

Rouparia e Lavanderia: pode ser um setor terceirizado ou pertencer ao corpo de funcionários do próprio hotel. Com um quadro composto pela chefia e por diversos auxiliares, é responsável pela lavagem e pelo armazenamento de roupas de hóspedes, uniformes de funcionários e enxovais de cama, mesa e banho do hotel.

CONTROLADORIA

Departamento que centraliza toda a operação de um hotel. Suas informações são de suma importância para a tomada de determinadas decisões pela Gerência Geral. Entre os diversos setores que engloba (ver Capítulo 5), destacamos alguns a seguir.

Controle de Custos: setor responsável pelas despesas de modo geral. Trata da análise das contas de serviços públicos, dos valores pagos na aquisição de mercadorias, das notas de restaurantes e bares emitidas, do controle de estoque, de inventários e de outras atividades relacionadas com o controle financeiro.

Faturamento: responsável pela emissão das faturas a serem enviadas aos clientes referentes à prestação de serviços. Nesse setor, são analisadas as **notas de hospedagem** e as demais despesas dos hóspedes e dos clientes em geral que tenham autorização para efetuar faturamento de suas despesas, seja para **agências de viagens**, seja para outras empresas.

Compras e Almoxarifado: esse setor realiza a aquisição de produtos variados, tais como: alimentação, roupas de cama, mesa e banho, máquinas e equipamentos. Cabe observar que, para a efetivação de uma compra, devem ser seguidas as normas próprias de cada hotel. Por exemplo, alguns exigem três orçamentos distintos, enquanto outros utilizam uma técnica mais recente, o "leilão reverso", em que é informado aos fornecedores o valor máximo que o hotel se dispõe a pagar por uma mercadoria. A partir de então, os fornecedores disputam entre si o menor preço, abaixo do teto estipulado.

O **almoxarifado** é o local em que as mercadorias são recebidas e armazenadas seguindo normas específicas e, depois, de acordo com as requisições dos departamentos, passam a ser distribuídas.

Auditoria: quando se fala em auditoria no setor hoteleiro, deve-se complementar com a palavra "noturna", pois é no turno da noite que se realiza essa atividade diariamente. O profissional responsável por analisar os valores lançados nas contas dos clientes, dia a dia, é o **auditor noturno**. Ele analisa, por exemplo, se os valores das diárias estão lançados conforme as condições dos processos de reserva e dos acordos comerciais existentes entre hotéis, agências e empresas, e também se as notas do restaurante foram lançadas com as quantidades e os valores dos produtos corretamente, entre outras atividades semelhantes. A auditoria, propriamente dita, com frequência, é realizada por terceiros ou, no caso de grandes redes de hotéis, por equipes formadas para esse fim.

Orçamento e Análise: setor que auxilia os gestores na produção dos orçamentos anuais, assim como no fornecimento de informações no decorrer do ano, a fim de viabilizar a tomada de ações próprias para corrigir o rumo da empresa, procurando inseri-la no orçamento previsto.

RH

É fundamental para auxiliar os demais departamentos na formação de boas equipes. Tem a responsabilidade de recrutar novos profissionais para a empresa, treiná-los e oferecer todo o suporte social necessário para que o ambiente de trabalho tenha um clima satisfatório.

Em muitos hotéis, em vez de um departamento de Recursos Humanos (RH), há apenas um setor, denominado Departamento de Pessoal, que se limita, basicamente, a processos administrativos de admissão, demissão e folha de pagamento. O restante dos serviços pode ser terceirizado – às vezes, até mesmo a folha de pagamento é terceirizada.

O departamento de RH pode ser dividido nos setores relacionados a seguir.

Recrutamento e Seleção: por meio de várias técnicas, é responsável pela seleção de novos funcionários, a qual se inicia com uma análise de currículos ou uma breve entrevista. Em seguida, há, normalmente, as dinâmicas de grupo, novas entrevistas entre o solicitante da vaga e os candidatos que se destacaram nas etapas anteriores e, por fim, o encaminhamento para a contratação, pelo setor de Pessoal.

Treinamento: cumpre diversas atividades visando à padronização dos serviços e à melhoria da qualidade do atendimento, assim como a programas motivacionais. Pode utilizar-se de empresas terceirizadas para realizar treinamentos específicos.

Cargos e Salários: esse setor deve manter-se atualizado em relação à média salarial do mercado. É responsável por desenvolver planos salariais e negociar, com os sindicatos patronais e hoteleiros (sindicato dos funcionários), percentuais de correção salarial nos períodos de acordo coletivo das categorias.

Assistência Social: com o foco nos problemas pessoais e profissionais dos funcionários da empresa, busca dar suporte às necessidades destes. Por exemplo, em determinados momentos, o bom rendimento e a produtividade de um membro da equipe podem ser afetados sem motivos aparentes. Nesses casos, o setor de Assistência Social é convocado a analisar a situação e a conversar com o profissional em questão. Muitas vezes, entretanto, a procura parte dos próprios funcionários, como nas circunstâncias em que enfrentam problemas de relacionamento com a chefia.

Pessoal: setor responsável por contratações e demissões de funcionários. Cuida também da verificação do cartão de ponto e da elaboração da folha de pagamento, bem como produz relatórios a serem encaminhados aos órgãos do governo.

MANUTENÇÃO

Antigamente, esse departamento era considerado "um mal necessário". O tempo passou, e, hoje em dia, tornou-se fundamental para redução de custos, geração de qualidade e modernização de instalações. Em boa parte dos grandes hotéis, o gerente de Manutenção é um engenheiro mecânico, ou civil, rodeado de uma rede de profissionais em áreas específicas, como hidráulica, elétrica e marcenaria. Esses departamentos não se dedicam mais somente a realizar manutenções corretivas, mas também a ações de prevenção, buscando a melhoria do rendimento dos equipamentos.

Há também máquinas e equipamentos cuja manutenção preditiva – aquela segundo a qual se faz monitoração periódica com o intuito de predizer falhas, conforme explicado nos próximos tópicos – é a mais utilizada, em razão de terem motores hermeticamente fechados ou pelo fato de a manutenção corretiva não ser financeiramente viável.

O departamento de Manutenção pode ser parcial ou totalmente terceirizado. Em geral, conta com dois a oito profissionais – equipes que variam de acordo com a estrutura do hotel. Trata-se de marceneiros, bombeiros, eletricistas e pintores, cuja função é manter o padrão de qualidade das instalações.

Inúmeros serviços, no entanto, precisam ser terceirizados, como a manutenção dos elevadores, do sistema de ar-condicionado central, das máquinas frigoríficas, das máquinas de lavanderia, entre outras atividades que necessitam de técnicos de áreas específicas.

Os sistemas de manutenção envolvem os vários tipos descritos a seguir.

Manutenção Preventiva: consiste em avaliações nas instalações e nos equipamentos, evitando, assim, a interrupção do funcionamento de uma hora para outra ou a necessidade de uma ação corretiva, o que, por conseguinte, geraria custos extras e a possível perda de qualidade de determinados serviços.

Manutenção Corretiva: utilizada nos casos em que a manutenção preventiva não atuou ou não foi eficiente, ou seja, quando o funcionamento do equipamento é interrompido – situação que pode ser gerada por defeitos ou pelo desgaste natural de peças do equipamento.

Manutenção Preditiva: aplicada em equipamentos nos quais não é viável a manutenção preventiva – por terem motores hermeticamente fechados – ou quando o custo da substituição do equipamento que parou de funcionar é mais baixo que seu conserto.

Melhoria de Equipamento: consiste em um estudo sobre determinados equipamentos, em busca de aperfeiçoamento do seu uso.

Prevenção de Manutenção: estudo feito durante a instalação de novas máquinas e equipamentos. Esse tipo de ação evita riscos de equipamentos a serem colocados em áreas não apropriadas, o que ocasionaria problemas de funcionamento.

ALIMENTOS E BEBIDAS (A&B)

Costuma ser um dos maiores departamentos de um hotel, contando, normalmente, com 30% a 40% do quadro de funcionários. Está dividido em diversos setores, os quais são responsáveis pelos serviços de alimentação e fornecimento de bebidas (**A&B**) de um hotel. Na posição de comando, pode ser encontrado um gerente ou diretor de **A&B** subordinado ao gerente geral do hotel.

A seguir, estão relacionadas as especificidades de cada um dos setores desse departamento.

Restaurantes: setor responsável pelo controle e pela operação dos serviços dos restaurantes de um hotel – os de grande porte podem ter entre dois e três restaurantes. Sua brigada costuma ser composta de **maîtres**, garçons, **cumins**, entre outras funções de apoio.

Bares: responsável pelo controle e pela operação dos bares do hotel, esse setor executa serviços de fornecimento de bebidas e aperitivos preparados na cozinha ou na copa.

Room Service: também conhecido por sua forma traduzida, **Serviço de Quarto**, é o setor encarregado do fornecimento de alimentos e bebidas aos quartos do hotel, uma vez que é comum o hóspede solicitar um café da manhã, um pequeno lanche ou mesmo uma refeição em seu quarto. Dependendo da estrutura e do fluxo de pedidos do hotel, pode haver uma brigada ou apenas alguns garçons responsáveis pelo setor.

Copa: responsável por preparar sanduíches, cafés, chás, sucos, vitaminas e pequenos aperitivos a serem servidos nos restaurantes e bares, ou até mesmo pelo **Serviço de Quarto**. Em sua brigada, encontram-se os copeiros e o chefe de copa.

Cozinha: um hotel pode ter uma única cozinha ou várias apoiadas por uma cozinha central. Local de preparo dos alimentos, trata-se do espaço de maior importância nos serviços de alimentação. A cozinha central costuma ser subdividida em áreas de confecção de saladas e frios, de lavagem de panelas, de preparação de pratos quentes, entre outras. O comando pertence ao **chef** de cozinha e, em geral, há um **subchef**. Além desses termos, há uma série de nomenclaturas para os cargos desse setor que variam de hotel para hotel.

Confeitaria: a parte mais "doce" de um hotel. É o local em que são preparados bolos, tortas, doces variados, **pâtisserie**, entre outras guloseimas. É comum ter um **chef** de confeitaria e outros auxiliares. O padeiro também fica subordinado ao **chef** de confeitaria.

Banquetes: em hotéis de pequeno porte, esse setor não existe separadamente. Todavia, nos de grande porte, responsabiliza-se por todos os serviços de alimentos e bebidas que envolvam grandes eventos, como casamentos, aniversários e comemorações em geral.

Refeitório: o preparo das refeições a serem servidas aos funcionários é responsabilidade da cozinha, e, talvez, o refeitório seja um dos setores mais importantes de um hotel, embora poucos gestores deem a ele o merecido valor. Normalmente, consiste em uma área com mesas e cadeiras, um recipiente para banho-maria, uma pia para lavagem de louças e talheres, além de prateleiras para guardar os utensílios. É um setor de suma importância, pois um funcionário alimentado adequadamente se torna muito mais produtivo.

MARKETING E VENDAS

Em Hotelaria, normalmente, o departamento de Vendas encontra-se agregado ao de Marketing. Entretanto, os comandos dessas funções são distintos, ou seja, há um diretor ou gerente de Marketing e outro de Vendas. Os funcionários do departamento de Marketing e Vendas têm, em conjunto, a missão de promover e vender os serviços de um hotel.

De modo geral, esse departamento pode ser dividido nos setores apresentados a seguir.

Vendas Nacionais: é o setor responsável pela divulgação e pelas vendas no mercado nacional. Seu trabalho volta-se, principalmente, para as áreas de maior procedência de seus clientes. Participa de feiras, *workshops*, realiza visitas a clientes, elabora *malas diretas*, distribui material promocional e acompanha clientes em visitas de inspeção ao hotel.

Vendas Internacionais: encarrega-se da venda e da divulgação dos hotéis sob sua responsabilidade em áreas internacionais. Esse setor também participa de *workshops* e feiras internacionais. Mantém convênio com agências nacionais para auxiliar na divulgação e na promoção de seus serviços no mercado internacional. Participa da elaboração de catálogos e **malas diretas**.

Marketing: é o setor responsável pela criação de ações promocionais que visem à divulgação de seus serviços. Elabora **malas diretas**, **fôlderes**, *flyers*, catálogos, anúncios, **banners**, entre outras ferramentas para promoção e vendas.

Assessoria de Imprensa: tem a função de transmitir notícias sobre o hotel à mídia, no intuito de projetá-lo positivamente no mercado. O profissional desse setor deve ter amplo conhecimento no campo de Turismo e Hotelaria, além de desfrutar de um bom relacionamento com jornalistas e profissionais de mídia em geral. É responsável pela divulgação constante de *press releases* referentes ao hotel, via e-mail, para veículos de comunicação e para contatos de sua *mailing list*.

EVENTOS

A maioria dos hotéis no Brasil conta com salas, salões e centros de convenções para a realização de eventos, sejam comerciais, sejam sociais. Por conseguinte, hotéis de grande porte dividem o departamento de Eventos nos setores relacionados a seguir:

Eventos Comerciais: é o setor responsável por captar e operacionalizar eventos como reuniões de empresas, treinamentos, **workshops**, feiras, lançamentos de produtos, congressos, entre outros do gênero.

Eventos Sociais: esse setor se volta principalmente para festas, como casamentos, 15 anos, bodas de prata e de ouro, festas judaicas – como *brit milá, bar-mitzvá* –, almoços e jantares especiais, banquetes em geral etc.

Grupos: em alguns hotéis, o departamento de Eventos pode também ser responsável pela operacionalização de grupos de hóspedes que exigem serviços específicos. Assim, é comum um grande grupo demandar a coordenação de jantares de gala, coquetéis, ***welcome drinks*** e ***farewell drinks***, reuniões entre seus membros etc.

SEGURANÇA

Em muitos hotéis brasileiros, esse departamento é terceirizado. Atualmente, é grande a preocupação com o assunto, em razão da quantidade crescente de delitos nesses estabelecimentos. Além de roubos e furtos, que estão cada vez mais sofisticados, há situações de maior complexidade, como suicídios e mortes em geral.

Quando se fala em departamento de Segurança, vem à lembrança a imagem de vários homens de terno escuro que fazem rondas pelos setores de um hotel e que têm uma sala cheia de câmeras de vídeo. Entretanto, é preciso ampliar esse pensamento para identificar realmente o que compõe um departamento de Segurança, mesmo que não seja subordinado à gerência de Segurança.

Segurança Patrimonial: é aquele setor que todos entendem por "segurança". Constitui-se de equipes de homens e, eventualmente, mulheres que são responsáveis pelo bem-estar dos hóspedes e dos funcionários. Posicionados nas entradas de serviço e social dos hotéis, monitoram todos que passam por esses locais. Quando há algum elemento ou situação que gere desconfiança, automaticamente, outras medidas são tomadas. Uma delas é recorrer à recepção para identificar a pessoa sob suspeita. Também efetuam rondas pelo prédio várias vezes ao dia procurando observar alguma irregularidade ou circulação de suspeitos. Por meio de rádios, interagem entre si. Utilizam ternos escuros como uniforme e, algumas vezes, atuam à paisana. Servem-se também do apoio de câmeras de vídeo espalhadas pelo prédio e de uma central de controle em algum ponto do hotel.

Segurança de Equipamentos: Tem a finalidade de manter determinados equipamentos em funcionamento para evitar problemas de grande escala e risco de vida. É o caso de uma caldeira a vapor que alimenta uma lavanderia industrial, por exemplo. Embora seja uma máquina com inúmeros recursos para desligar automaticamente quando necessário, caso haja alguma falha nesses recursos, ela pode vir a explodir, provocando um acidente de grandes proporções.

Outro equipamento que exige grande atenção são os elevadores, que precisam de constantes ações preventivas e devem ser monitorados com frequência. Um elevador parado entre andares e com pessoas presas em seu interior pode acarretar diversas complicações; por exemplo, caso haja hóspedes claustrofóbicos que venham a manifestar algum problema de saúde em decorrência do fato. Esse tipo de situação, se administrada por pessoas não preparadas, pode provocar acidentes. Assim, tais equipamentos devem ser mantidos em ótimo estado e monitorados pela gerência de Manutenção com auxílio de empresa especializada.

Brigada de Incêndio: equipe formada por funcionários do hotel de diversos setores e de turnos distintos. Tem como objetivos principais lidar com focos de incêndio que possam ocorrer no interior do hotel e controlar o pânico entre os presentes em tal situação. Equipes treinadas por profissionais especializados, normalmente oriundos do corpo de bombeiros, também estão preparadas para prestar os primeiros socorros em caso de acidentes ou sinistros. Essas equipes são submetidas a treinamentos constantes e realizam simulações para que estejam aptas a agir quando necessário.

GERÊNCIA GERAL

O gerente geral tem a responsabilidade de coordenar todas as atividades de um hotel de modo que estas ocorram dentro dos padrões de qualidade estabelecidos pela cultura hoteleira. Deve também administrar custos e otimizar receitas, a fim de obter os resultados esperados pelos acionistas do empreendimento.

Esse profissional deve ser polivalente e não apenas especialista em determinada área. Acima de tudo, deve ter profundo conhecimento de gestão de pessoas, competência essencial para que consiga conduzir seus subordinados em prol dos objetivos da empresa. Sempre que possível, deve também interagir com o departamento de Marketing e Vendas e com o de RH, promovendo produtos e serviços aos clientes e ministrando treinamentos de suas equipes. O envolvimento da Gerência Geral, seja na negociação de vendas, seja na realização de treinamentos, é fundamental para dar credibilidade a tais ações.

2

Cases de
RECEPÇÃO

SITUAÇÃO 1

CASAL DE HÓSPEDES EM LUA DE MEL É SURPREENDIDO POR COBRA NO QUARTO

Este é um dos muitos casos curiosos do setor hoteleiro. Mesmo sendo improvável que ocorra novamente, os funcionários devem estar sempre preparados para situações inusitadas como esta.

No fim da manhã de um belo dia de verão no Rio de Janeiro, um hotel classificado com cinco estrelas recebe um casal de hóspedes canadenses em lua de mel. Conforme a rotina nos serviços desse hotel para casais em lua de mel, o apartamento foi previamente selecionado, concedeu-se um **upgrade** (quando a categoria do apartamento é superior à solicitada), colocou-se um buquê de flores no quarto e procurou-se atender tais clientes de forma personalizada em um balcão exclusivo. Mas, naquele momento, como a recepcionista exclusiva para atendimento a hóspedes **VIPs** se encontrava em horário de almoço, foi a recepção que efetuou o **check-in**. E isso não foi um problema. Uma vez que tudo estava devidamente preparado, bastou que os clientes preenchessem suas fichas de registro e recebessem as informações básicas sobre o hotel para, em seguida, rumarem em direção ao quarto acompanhados por um mensageiro.

Como se sabe, as recepções dos hotéis, de modo geral, contam com aparelhos telefônicos com visores que identificam de que quarto provém a chamada. Também faz parte do cotidiano de um recepcionista, eventualmente, receber uma ligação de um apartamento logo após o **check-in**. Na maior parte desses casos, o cliente recém-chegado liga para reclamar de algo, como a vista do quarto, as acomodações, a demora com as malas etc.

No caso em questão, poucos minutos após o casal canadense ser conduzido ao quarto pelo mensageiro, o telefone da recepção toca – a ligação é do apartamento dos hóspedes canadenses. Antes mesmo de atender, o recepcionista fica imaginando qual será a reclamação dos clientes, já que lhes foi concedido um dos melhores quartos do hotel, com cortesia de flores, **check-in** expresso e um ótimo atendimento. O que, então, eles podem questionar? Ao atender o telefone, o recepcionista ouve, surpreso, uma mulher aos gritos:

– *There's a snake here! Send someone!* [Tem uma cobra aqui! Mande ajuda!]

Depois de desligar, o recepcionista volta-se para seu colega e explica o que ouviu. Incrédulo, o outro funcionário resolve ligar para o quarto. Para seu espanto, a hóspede confirma a existência de uma cobra.

Apesar de ainda não aceitarem a ideia de haver uma cobra no apartamento, um dos recepcionistas vai ao quarto do casal acompanhado de um segurança. Lá chegando, constatam que há, de fato, uma cobra (ou talvez ela possa ser classificada como uma "grande minhoca") no interior da mala da hóspede. Com o devido cuidado, a cobra é removida.

Depois, descobriu-se que os amigos canadenses do casal haviam feito uma brincadeira colocando uma pequena cobra inofensiva na mala, que, não se sabe como, passou pela alfândega. A história virou lenda no hotel.

O que fazer em uma situação tão atípica assim? Com base em muitas circunstâncias que tive a oportunidade de presenciar, minha primeira sugestão é que, por mais absurda que pareça a afirmação de um hóspede, não o desacredite. Nunca se deve partir da premissa de que o cliente esteja mentindo. Antes de tudo, apure os fatos, para somente depois tirar suas conclusões. O caso relatado é um daqueles em que não há como adotar ações preventivas, mas tão somente corretivas. A remoção da cobra do quarto pelo pessoal do hotel foi a atitude correta. Nada mais poderia ser feito além disso, a não ser acalmar a hóspede e desejá-la uma feliz estada.

PARA REFLETIR

- Você já ouviu histórias semelhantes?
- Debata com seus colegas de trabalho ou em sala de aula sobre essa situação. Que lições podemos depreender desse caso?

SITUAÇÃO 2

MULHER VISITA HOTEL PARA FAZER SURPRESA DE ANIVERSÁRIO DE CASAMENTO AO MARIDO, QUE ESTÁ HOSPEDADO COM A AMANTE

Este caso, ocorrido há alguns anos em um grande hotel de São Paulo, é uma das muitas histórias em que o recepcionista salva a alma do hóspede.

Um hóspede, que chamaremos de sr. Paulo Silva, hospeda-se acompanhado de uma mulher, que aqui chamaremos de sra. Telma dos Santos. Durante sua estada, ele participará de um evento de sua empresa que será realizado em um dos salões de convenção do hotel. Ao fazer o **check-in**, sr. Paulo tem o cuidado de manter incógnita a identidade de sua acompanhante, pensando na hipótese de alguém conhecido o procurar.

Na manhã seguinte, por volta das 8h, o hóspede encaminha-se para participar do evento e sua acompanhante permanece no quarto. Pouco depois, por volta das 11h, chega à recepção sra. Maria Silva, que se apresenta como mulher de sr. Paulo. Ela informa que aquela data é a de seu aniversário de casamento e que gostaria de fazer uma surpresa a seu marido. Para tanto, deseja ter acesso ao quarto dele.

Ao constatar o problema em potencial, o recepcionista Jorge procura ganhar tempo para localizar sr. Paulo. Solicita, então, que sra. Maria preencha a ficha de registro e, enquanto isso, dirige-se para o escritório da recepção, a fim de, em caráter particular, ligar para o apartamento do casal hospedado.

Eis o diálogo entre o recepcionista e sra. Telma:
– Alô! – ela atende.
– Bom dia. Aqui é o recepcionista Jorge. Por favor, posso falar com sr. Paulo?
– No momento, ele está participando de um evento no salão de convenções do hotel. É urgente? Posso ajudar?
– Bem, é que a sra. Maria Silva está aqui no hotel... – e Jorge não tem tempo nem de terminar a frase.
– Meu Deus! Meu Deus! Ela vai me matar! O que eu vou fazer? – desespera-se a mulher no quarto.

Esforçando-se para contornar a situação, o recepcionista sugere que ela recolha todos os seus pertences para que esteja apta a transferir-se para outro apartamento enquanto ele tenta localizar sr. Paulo. E Jorge também informa que enviará um mensageiro para auxiliá-la na mudança.

Voltando ao balcão, Jorge encontra sra. Maria já com a ficha de registro preenchida e aguardando apenas a chave do apartamento do marido. O recepcionista procura postergar um pouco sua subida informando que a chave não se encontra na recepção e que provavelmente estará com sr. Paulo, mas que localizará uma arrumadeira para abrir o apartamento. Ele procura não utilizar o artifício de dizer que necessita da autorização do marido para entregar a chave a ela, pois receia que isso levante suspeitas.

Enquanto sra. Maria aguarda sentada em um dos sofás do **lobby** do hotel, Jorge chama um mensageiro, explica a situação e pede que ele vá ao quarto de sr. Paulo para transferir sra. Telma para outro apartamento. Cerca de dez minutos depois, o mensageiro retorna ao **lobby** e faz, de forma discreta, um sinal de positivo, indicando a mudança de sra. Telma foi efetuada.

Mais aliviado, o recepcionista Jorge chama sra. Maria Silva e informa que a arrumadeira do andar abrirá o quarto para que suas bagagens sejam levadas para lá. Antes de subir, sra. Silva pede mais uma vez ao recepcionista:

– Não diga nada ao meu marido. Quero fazer uma grande surpresa para ele!

Em seus pensamentos, Jorge também tem certeza de que sr. Paulo terá uma grande surpresa!

Apesar de ter minimizado os possíveis danos até aquele momento, Jorge sabe que o problema ainda não está resolvido. Primeiro porque, a julgar pelo espanto de sra. Telma ao telefone, está claro que ela conhece a esposa de sr. Paulo. Segundo porque sr. Paulo poderá chegar ao apartamento e chamar pelo nome de sra. Telma, achando que ela se encontra, por exemplo, no banho. Há ainda a chance de as duas se cruzarem nas áreas sociais do hotel e, principalmente, nos elevadores. A ação seguinte, portanto, tem de ser a localização de sr. Paulo, para deixá-lo a par de tudo.

Determinado a ajudar o hóspede para não causar confusão no hotel, Jorge vai ao centro de convenções e solicita à recepcionista do evento que chame sr. Paulo urgentemente. Em um primeiro momento, ela se recusa a fazê-lo, alegando que ele participa de uma importante conferência. No entanto, dada a insistência de Jorge, ela o chama. Ao entrar no salão, a moça deixa a porta entreaberta, e, pela fresta, Jorge pode ver os gestos de sr. Paulo demonstrando grande insatisfação por ter sido importunado. Ao sair do salão, sr. Paulo, aos gritos, questiona:

– O que o senhor deseja? Não está vendo que participo de uma conferência importante? Bem que falei que este hotel não era o mais indicado para realizar um evento deste porte!

Procurando manter-se tranquilo e sem demonstrar nenhuma reação a tudo o que ouviu, Jorge informa:

– Sr. Paulo, gostaria de, em nome de nosso hotel, parabenizá-lo por seu aniversário de casamento. Aproveito a oportunidade para informá-lo de que sra. Maria Silva, sua esposa, está em seu quarto. Todavia, peço-lhe que se faça de surpreso, pois garanti a ela que nada lhe contaria.

Chocado com as informações, o hóspede abaixa e sacode a cabeça, balbuciando:

– Acabei com meu casamento... O que vou fazer? E agora?

Sr. Paulo repete essas palavras algumas vezes. Jorge, então, esclarece ao hóspede tudo o que havia feito. Sr. Paulo quase chora de tanta gratidão e afirma que pagará todas as despesas do outro apartamento também. (Jorge estava certo disso!)

Antes que sr. Paulo vá para seu apartamento, o recepcionista diz:

– Sr. Paulo, não se esqueça de fingir surpresa quando encontrar sua mulher.

No mesmo dia, sra. Telma deixa o hotel, de forma discreta. Sr. Paulo ainda permanece por mais alguns dias e, toda vez que passa pela recepção, faz questão de cumprimentar o recepcionista Jorge.

A situação descrita, apesar de constrangedora, é comum no dia a dia de um recepcionista. Cabe-nos questionar se todo o "malabarismo" do funcionário de Recepção teria sido realmente necessário, caso não tivesse receado alegar que as normas internas de segurança do hotel não permitem a entrada de outras pessoas – independentemente de quem sejam – nos quartos dos hóspedes sem a sua autorização. Dificilmente, isso levantaria suspeitas, como temia o funcionário, se fosse uma autêntica norma interna e ele se sentisse seguro sobre esse preceito. Na ânsia de evitar um vexame em meio a um grande evento, será que ele não poderia ter criado problemas de outra ordem?

Muitas vezes, ter raciocínio rápido e agir com tranquilidade podem evitar problemas para seus hóspedes. Não estamos aqui para julgar se foi certa ou errada a postura do cliente ao trazer a amante para o hotel. Todavia, o que precisamos fazer é evitar que problemas externos ao hotel se tornem internos.

> **PARA REFLETIR**
>
> - O que você faria no lugar do recepcionista Jorge?
>
> - Mesmo após sra. Silva provar ser a mulher de sr. Paulo, você acha correta a permissão de seu acesso ao quarto do marido?
>
> - Caso não permitisse o acesso dela ao quarto, ainda assim, você tentaria avisar o marido sobre a presença da esposa no hotel?

SITUAÇÃO 3

Durante check-out, hóspede nega ter retirado toalhas do quarto, que são encontradas em sua mala

Este é um dos típicos problemas que ocorrem nos hotéis: é comum o hóspede "guardar" uma toalha, um cinzeiro ou uma miniatura de bebida em sua mala para levar como *souvenir* do hotel. Quando constatada a falta de determinado item pela arrumadeira, automaticamente, este é debitado na conta do hóspede. Quando o cliente tem boa conduta, ao ser questionado pela recepção, procura devolver os itens em questão – alegando normalmente que achava que eram brindes. Contudo, há situações em que o hóspede nega o fato até o fim. É nessa hora que a gerência (que pode ser a da recepção ou mesmo a Gerência Geral) se encontra em uma situação delicada, mas que precisa ser resolvida.

Tal dificuldade é imposta pelas possíveis falhas que os sistemas de controle interno possuem. Em um caso como o exposto acima, o gerente tem duas opções: deixar que o hóspede saia sem lhe cobrar pelo item subtraído ou solicitar que sua bagagem seja aberta. Esta última opção pode ser muito problemática, pois, se, ao abrir a mala, o objeto questionado não estiver lá, o hotel poderá vir a ser processado, sendo essa apenas uma das muitas possíveis consequências.

Vejamos o relato do caso a seguir.

Em um hotel da Região Nordeste, um hóspede dirige-se ao balcão da recepção para encerrar sua conta. Seguindo o trâmite normal, o recepcionista entra em contato com a Governança e informa que o cliente está deixando o hotel. A Governança, por sua vez, verifica o consumo do **frigobar** e as condições em que se encontra o quarto – se falta algum item do patrimônio, por exemplo, toalhas – ou se o hóspede danificou algo. Ao ser indagada sobre o consumo daquele apartamento, a arrumadeira, de antemão, informa que o hóspede em questão pôs duas toalhas em uma das malas. Ela acrescenta que, ao levar-lhe um novo jogo de toalhas atendendo à sua solicitação – alegando que não havia toalhas no apartamento –, flagrou a mulher do cliente guardando toalhas em uma mala de cor cinza.

Com essa informação, o recepcionista lança, na conta, o valor correspondente às toalhas. Ao examinar o cálculo, o hóspede questiona aquele débito e imediatamente o recepcionista esclarece do que se trata, fato que o hóspede nega de maneira furiosa. Chamado para encontrar uma solução, entra em cena, então, a figura do gerente. Antes de conversar com o hóspede, o gerente questiona, mais uma vez, a arrumadeira, que reafirma que as tolhas estão na mala de cor cinza. Dirigindo-se de forma amável ao hóspede, o gerente pergunta se, de fato, ele não teria retirado as referidas toalhas. O cliente novamente nega.

Nesse ínterim, um novo cliente chega à recepção para fazer o **check-in** e, antes mesmo de preencher a ficha, fica acompanhando o desenrolar do caso. O gerente informa ao hóspede de saída que, para dirimir quaisquer dúvidas, terá de abrir suas malas, com que ele concorda de modo enfático. O gerente pede, então, para abrir especificamente a mala de cor cinza, o que surpreende o hóspede. Bastando entreabrir a bolsa para encontrar, de imediato, as toalhas, o gerente vira-se diretamente para a recepção e determina que o débito seja cobrado. Em seguida, o hóspede paga sua conta em silêncio e sai.

O outro cliente, que aguardava para fazer **check-in**, pede para falar com o gerente. Apresenta-se, então, como diretor de uma grande empresa e explica que estava ali para uma visita de inspeção, pois tinha planos de trazer um grande grupo para aquele hotel. Complementa dizendo que ficou positivamente admirado com a postura do gerente na solução daquela situação tão delicada.

Nesse relato, vimos que, no fim, o hotel venceu. Todavia, nem sempre é assim. Muitas vezes, o gerente é obrigado a deixar passar uma cena como essa por se tratar de algum cliente diferenciado – seja uma empresa, seja uma **agência de viagens** –, cuja relação muito interessa ao hotel.

Em outros casos, não há segurança suficiente para tomar-se tal atitude, em geral, por carência de confiança nos controles internos. Por exemplo, há circunstâncias em que a arrumadeira se esquece de repor as toalhas quando da troca por peças limpas. Há ainda lançamentos de produtos do **frigobar** que estão em falta em determinado andar, fato desconhecido pela arrumadeira de outro andar que cobre a folga de uma colega. Enfim, há muitas possibilidades de falhas no controle.

Assim, antes de abrir a mala de um hóspede, deve-se ter certeza absoluta de que está lá o que se procura. É comum também, como no caso citado, o hóspede demonstrar forte inclinação para colaborar com a abertura de suas malas, o que pode ser apenas um artifício para iludir o gerente, que, ao ver tamanha boa vontade, tende a ficar na dúvida sobre se deve prosseguir ou não com a vistoria.

> **PARA REFLETIR**
>
> - Como você agiria em uma situação semelhante, em que não houvesse cem por cento de certeza de que as toalhas estariam na mala do hóspede?
>
> - Se esse fosse um hóspede ilustre para o hotel – por exemplo, de uma empresa que traz muitas receitas para o estabelecimento –, você faria a verificação ou assumiria o prejuízo?

SITUAÇÃO 4

TOUR CONDUCTOR (TC) *AFIRMA QUE MALA DE SEU GRUPO SUMIU NA ENTRADA DO HOTEL*

Vamos, aqui, relatar um caso envolvendo a operação de **check-in** de um grupo em um famoso hotel de uma grande cidade brasileira. Apesar de os hotéis aplicarem todos os procedimentos necessários aos cuidados com as bagagens no **check-in** de hóspedes que chegam sozinhos e, principalmente, em grupos, nada parece ser suficiente para convencer, tanto os guias como os hóspedes, de que suas malas não chegaram em sua totalidade, quando ocorre um problema dessa ordem.

Esta situação relata um desses casos. Cabe esclarecer, primeiro, que o hotel em questão adota certos procedimentos específicos, enumerados a seguir, para a chegada de grupos.

1. Na chegada ou na saída de um grupo do hotel, são posicionados, no mínimo, dois seguranças entre o ônibus e a porta de entrada do hotel, evitando, assim, o acesso de outras pessoas a essa área. No perímetro em questão, os mensageiros circulam com as malas, indo e vindo do bagageiro do veículo.
2. Após o ingresso das malas pela porta principal, essas são encaminhadas a um salão de convenções situado no **lobby** do hotel. Com base na lista de hóspedes (***rooming list***) fornecida pela recepção, cada bagagem é identificada pelo nome e pelo número do quarto de seu proprietário.
3. Com as malas identificadas, os mensageiros as transportam para o elevador de serviço. Em seguida, elas são distribuídas de acordo com os andares relacionados.
4. As malas remanescentes (uma vez que, normalmente, não caberão todas em uma única viagem) ficam sob a vigilância do segurança, no interior do salão, o qual também pode ser simplesmente lacrado até que seja possível enviar uma nova remessa ao elevador.

Um grupo de turistas estrangeiros chega a um hotel. Mesmo antes de as malas começarem a subir para os quartos, a guia internacional (***Tour Leader* [TL]** ou ***Tour Conductor* [TC]**) que acompanha o grupo informa ao gerente de Recepção que falta determinada mala. Ela esclarece que contou, por conta própria, 30 volumes antes de sair do aeroporto e que, agora, há somente 29 no saguão. A mala faltante seria preta e com rodinhas.

Perante a reclamação, o gerente começa a procurar a bagagem no salão, supondo que ela possa estar entre outras malas. Sua busca, todavia, revela-se em vão. Em seguida, ao questionar seus funcionários, todos afirmam que não há nenhuma chance de a mala ter ingressado no hotel. Eles confirmam que todas as bagagens que estavam no ônibus foram recolhidas e levadas para o salão.

Diante do impasse e confiante na eficiência do procedimento adotado pelo hotel quando da chegada de grupos, o gerente resolve verificar, na presença da guia, as câmeras de circuito interno do estabelecimento. A **TC** concorda e insiste que a referida mala foi furtada ainda na calçada em frente ao hotel ou mesmo no momento em que foi levada ao ***lobby***.

Na sala dos equipamentos de filmagem, retrocede-se a gravação e os dois começam a observar tudo, desde o momento da chegada do ônibus ao hotel. Entretanto, as câmeras, apesar de registrarem imagens nítidas, não abrangem amplamente a área de ingresso das malas, o que dificulta uma conclusão.

Todos os processos são revistos, e, mais uma vez, a gerência afirma que a mala não chegou e sugere que se ligue para o aeroporto. A **TC**, irredutível, resolve registrar sua insatisfação por escrito. Ela relata, em duas páginas, todo o seu descontentamento e solicita que o hotel indenize o hóspede considerando o conteúdo da mala desaparecida.

O restante da noite transcorre sem problemas. Na manhã seguinte, ao contatar a companhia aérea que trouxe o grupo, a guia local (e não a **TC**) é informada de que, após o grupo ter deixado o aeroporto, foi encontrada, na esteira de bagagens, uma mala preta sem identificação. Em seguida, a guia local transmite essa nova informação à **TC** do grupo. Para a surpresa de todos, ela não faz questão de ir ao aeroporto naquele momento e prefere deixar para verificar o caso pessoalmente no dia seguinte, quando todos deixariam o hotel e teriam de dirigir-se para lá. Assim, depois de mais um dia de suspense, o hóspede, ao chegar ao aeroporto, reconhece sua mala perante a empresa aérea.

Já sem argumentos, a **TC** comunica à guia local que, caso o hotel deseje, fará uma carta de retratação. O gerente geral dispensa o documento, mas faz questão de informar à agência local responsável pelo grupo todos os detalhes do ocorrido. Posteriormente, recebe uma carta da agência desculpando-se por todo o constrangimento causado ao hotel.

É verdade que, em certos hotéis, algumas vezes, há extravio de malas no ***lobby***. Em outras, elas são enviadas aos apartamentos errados, guardadas junto a bagagens de outros hóspedes e até mesmo conduzidas para ônibus de outros grupos ou carros de outros hóspedes. No entanto, quando o processo é feito de forma correta, a gerência tem como importante trunfo a certeza de poder afirmar que esta ou aquela mala nunca ingressou no hotel. Lógico que não bastam palavras, mas, sim, fatos com testemunhos e, se possível, com o respaldo de imagens gravadas durante toda a operação.

> **PARA REFLETIR**
>
> - Que procedimentos poderiam ser implantados para o recolhimento das malas de grupos do interior do ônibus e sua condução para o hotel de forma a reduzir a possibilidade de extravios ou até mesmo de furtos?
>
> - No caso em questão, a gerência do hotel deveria mover algum tipo de processo contra a guia internacional? Justifique sua resposta.

SITUAÇÃO 5

Ao receber a conta ao lado da esposa, hóspede questiona diferença de cobrança de diária na primeira noite, quando ele dormiu com outra pessoa

Esta é mais uma das situações em que o caixa da recepção precisa ter muita cautela para não criar um constrangimento para o hóspede e, neste caso em especial, um problema familiar.

Em um hotel da Grande São Paulo, frequentado basicamente por executivos, um senhor, que chamaremos de sr. Fernando, hospeda-se no início de determinada semana. Ele chega à noite, acompanhado de uma linda jovem, a qual registra em seu quarto por apenas uma noite. Seguindo o padrão do hotel em casos como esse, após o preenchimento da **FNRH** pela mulher, sr. Fernando também assina o papel.

No dia seguinte, chega ao hotel a esposa de sr. Fernando, que permanece hospedada com o marido até o fim da semana.

Na manhã de sábado, sr. Fernando dirige-se à recepção para encerrar sua conta. O funcionário responsável pelo caixa da recepção apresenta a nota. Em razão de haver uma documentação da empresa do hóspede que autorizava o faturamento de todas as despesas, era necessária apenas a sua assinatura. Entretanto, sr. Fernando, ao pegar a conta, estranha um lançamento de "diferença de diária" na primeira noite e questiona o débito.

Em um primeiro momento, o funcionário, vendo que o cliente está acompanhado de uma senhora que parece ser seu cônjuge, imagina que o débito possa ser indevido, pois esse tipo de lançamento naquele hotel era típico de quando o hóspede recebia "visitas". O funcionário solicita, então, que o hóspede aguarde enquanto ele verifica o lançamento. Com base nas **FNRHs**, o caixa constata que o hóspede recebeu uma "visita" na primeira noite e, no dia seguinte, registrou sua esposa.

O funcionário volta ao balcão e tenta fazer com que o hóspede entenda o que está ocorrendo sem que sua senhora, que estava ao lado dele, suspeite de algo errado. Contudo, sr. Fernando continua irredutível e questiona o porquê de tal débito. Por fim, em uma verdadeira jogada de mestre, o caixa diz ao hóspede:

– Sr. Fernando, essa diferença de diária não seria referente àquele seu amigo que o ajudou no trabalho da sua empresa até muito tarde na segunda-feira, em seu quarto?

Como em um passe de mágica, sr. Fernando entende a mensagem, imediatamente assina a conta, agradece o atendimento e sai abraçado com a mulher, que deixa o hotel perguntando ao marido quem é o tal amigo do trabalho.

Não sabemos o que houve depois, mas a missão do caixa estava elegantemente cumprida.

Situações como essa ocorrem com frequência em hotéis. Na maioria das vezes, o hóspede solicita que a diferença de diária seja inserida em uma conta à parte.

> **PARA REFLETIR**
>
> - O que você faria se estivesse no lugar do caixa da recepção?
> - Sugira um novo procedimento para registro de "visitas" em que possam ser evitadas situações como essa.

SITUAÇÃO 6

CLIENTES HOSPEDAM-SE EM HOTEL DE LUXO E DÃO GOLPE COM CHEQUES SEM FUNDOS

Este é um caso clássico de um golpe bem aplicado por estelionatários em um hotel. Todos os dias, por mais que sejam implantados procedimentos de segurança nos hotéis, os ladrões estão sempre inovando com ações que superam qualquer obstáculo.

A situação aqui descrita ocorreu há alguns anos em um grande hotel classificado com cinco estrelas na cidade do Rio de Janeiro, durante a Semana Santa.

Na segunda-feira, chegam ao hotel dois clientes cujas reservas foram feitas por telefone. Eles trazem várias bagagens, entre malas e volumes diversos. Após a identificação das reservas, que são para dois apartamentos de luxo, de frente para o mar, o recepcionista seleciona os apartamentos enquanto os clientes preenchem a ficha de registro. Finalizados os procedimentos administrativos, os hóspedes são acompanhados pelo mensageiro até seus respectivos apartamentos. Com base na grande quantidade de bagagens e no julgamento que faz da aparência dos hóspedes, o recepcionista presume não ser necessária a solicitação de um pagamento antecipado.

Os dias vão passando, e a conta dos referidos hóspedes fica cada vez maior, não apenas pelo lançamento das diárias, mas também pelos jantares regados ao bom vinho da casa. Na quarta-feira, seguindo o procedimento padrão adotado pelo hotel de ter um limite de saldo para as contas dos apartamentos, é solicitado, por meio de uma carta deixada nos apartamentos dos hóspedes, seu comparecimento ao caixa da recepção para que efetuem um depósito ou deixem um cartão de crédito para o pedido de uma **pré-autorização**. Entretanto, eles não aparecem no caixa no dia seguinte.

Na sexta-feira, após os hóspedes terem saído para passear, a recepção retira as respectivas chaves da portaria e deixa-as no caixa. Assim, quando eles chegarem ao hotel e pedirem suas chaves, serão direcionados ao caixa, que explicará a situação e, em seguida, solicitará o devido depósito.

No entanto, naquele dia, por volta das 11h da manhã, alguém liga para a recepção e diz precisar, urgentemente, falar com um dos referidos hóspedes. O recepcionista informa que a pessoa em questão não se encontra no hotel e oferece-se para anotar o recado. Como resposta, ouve: "Ah, sim, por favor! Aqui quem fala é o cunhado do hóspede. Avise-lhe que o filho dele nasceu hoje, pois o parto foi antecipado, mas minha irmã, a mulher dele, e o bebê passam muito bem. Peça para ele me ligar e vir, assim que puder, para Fortaleza."

O recepcionista toma nota e guarda a mensagem com as chaves. Cerca de 15 minutos depois, o referido hóspede chega ao hotel tranquilamente e pede sua chave. Por coincidência, quem o atende é o recepcionista que recebeu o recado. Ele transmite o aviso, palavra por palavra, e o hóspede, emocionado, diz:

— Por favor, veja se há algum voo disponível nas próximas horas em qualquer companhia aérea para Fortaleza. Feche a minha conta e calcule também a de meu amigo até domingo. Deixarei tudo pago.

Diante daquele quadro, o recepcionista desiste do plano inicial de pedir o depósito antecipado. Alguns minutos mais tarde, o hóspede retorna ao balcão da recepção, já com suas malas, e são apresentadas a ele as contas dos apartamentos. Sem questionar nada, ele pega o talão de cheques, soma a quantia às despesas de seu amigo e preenche uma folha acrescentando uma gorjeta generosa. Trata-se de um cheque corporativo de um banco da cidade de Goiânia, em Goiás. Todavia, diante de todo o ambiente festivo criado, ninguém se importa com nenhum detalhe. O outro hóspede, que permanece até o domingo como previsto, ao sair, paga apenas alguns refrigerantes consumidos no quarto.

O cheque é depositado na segunda-feira seguinte. Dois dias depois, chega a notícia que ninguém esperava: ele não tem fundos! Contata-se o gerente do banco de Goiânia, que explica que os referidos clientes são estelionatários e vêm sendo procurados pela Polícia Federal há dois meses por aplicarem golpes em todo o Brasil. Ele informa também que a conta foi aberta com documentos falsos e que a empresa não existe. Para piorar a situação, a dupla tem em mãos cerca de dez talões de cheques.

No hotel, não se sabe se essas pessoas foram presas. O que se sabe é que o estabelecimento amargou um grande prejuízo no fim da história.

Como podemos ver nesse relato, pessoas mal-intencionadas também usam da criatividade para enganar os hotéis. A situação em questão foi muito bem planejada e funcionou como os ladrões queriam.

Para refletir

- Cite algumas sugestões para evitar que uma situação assim ocorra novamente.

- Foi correta a atitude do recepcionista de não ter solicitado um depósito como adiantamento assim que os clientes chegaram, baseando-se em aparências?

SITUAÇÃO 7

FUNCIONÁRIO DE HOTEL SAI DE MADRUGADA COM CARRO DE HÓSPEDE E COLIDE COM OUTRO VEÍCULO

Esta é uma das situações que os hoteleiros vivenciam quando têm pessoas irresponsáveis em seus quadros de funcionários.

Em alguns hotéis, há uma garagem própria no interior do prédio ou em suas proximidades. Quando não há, alugam-se vagas em garagens privativas, o que obriga os manobristas a realizarem um deslocamento maior com o veículo do cliente. Em geral, os hotéis contam com seguro para cobrir eventuais danos causados por seus funcionários em veículos sob sua responsabilidade.

Os manobristas de um hotel, ao receberem o carro das mãos do cliente – seja ele hóspede, participante de eventos ou freguês do restaurante do estabelecimento –, precisam efetuar uma rápida, mas eficiente, verificação em todo o veículo para saber se há alguma avaria. Para isso, utilizam normalmente um formulário com o desenho de um automóvel, no qual são registrados os locais em que haja avarias. Normalmente, são duas vias: uma é entregue ao cliente, e a outra permanece com a chave do veículo.

Apesar de uma série de procedimentos preventivos adotados na entrada, na guarda e na devolução de um veículo ao cliente, nada é válido quando o funcionário é negligente e irresponsável. O relato a seguir descreve uma situação que envolve esse problema.

É início de madrugada em um grande hotel na cidade mineira de Belo Horizonte. O hóspede do apartamento 1.003 retorna da rua e deixa seu Mercedes-Benz com o **capitão-porteiro**, que segue os passos básicos de verificação do veículo e encaminha-o ao manobrista, que o levará para a garagem em outro quarteirão. Como chegam mais carros ao mesmo tempo, o manobrista estaciona o Mercedes na rua em frente e vai receber os demais veículos, para, posteriormente, conduzi-los à garagem.

Com todo esse movimento, há agora seis veículos a serem guardados. O manobrista de plantão, que está iniciando seu turno, leva o primeiro veículo e prossegue sucessivamente com os demais carros. Por último, fica o Mercedes.

Quando se vê na direção de um veículo potente e de *status*, o manobrista resolve dar uma volta pela cidade. Em um cruzamento, por fatalidade, outro veículo avança o sinal de trânsito e colide com o Mercedes, danificando toda a sua lateral e parte do para-lama traseiro. Em desespero, o manobrista abandona o veículo e, em seguida, comunica o ocorrido ao gerente noturno do hotel, que imediatamente se dirige ao local e encontra a polícia iniciando o registro da ocorrência. Feitas as anotações de praxe e após a visita da perícia, entre outras ações, o veículo, que ainda funciona normalmente, é levado para a garagem do hotel.

Pela manhã, o hóspede é comunicado sobre o ocorrido e o hotel informa que se responsabilizará por todas as despesas para consertar seu Mercedes. Como agravante para o hotel, não há cobertura do seguro, uma vez que o carro colidiu fora do perímetro acordado em contrato. Quanto ao funcionário, este é demitido por justa causa.

> ### PARA REFLETIR
>
> - Nesse caso, quais ações preventivas você adotaria para evitar esse tipo de situação?
>
> - Seria válido, em caso de veículos de altíssimo valor, pedir que os próprios clientes os conduzam à garagem e os estacionem?

SITUAÇÃO 8

FUNCIONÁRIA FORNECE À MULHER DO HÓSPEDE SEGUNDA VIA DE FATURA REFERENTE À HOSPEDAGEM DO MARIDO COM A AMANTE, E HOTEL É PROCESSADO POR QUEBRA DE SIGILO

Muitas vezes, por falta de treinamento e orientação, os funcionários são passíveis de sérias falhas, que podem macular a imagem do hotel. O caso a seguir refere-se à quebra de sigilo de informações de um hóspede. Ocorreu na cidade de São Paulo em um hotel cinco estrelas.

Em determinada tarde, uma jovem acompanhada de uma senhora chega ao balcão da recepção e conta a seguinte história: "Estive hospedada neste hotel na semana passada com meu marido e perdi a **nota de hospedagem** da qual preciso para prestar contas em minha empresa. Seria possível emitir uma segunda via da nota?"

A funcionária, muito solidária, solicita o nome da jovem para realizar a busca. Esta, então, informa os dados do marido, acrescentando que a conta estaria no nome dele. Ao localizar a nota, a recepcionista imprime uma segunda via e entrega-a à jovem, que, por sua vez, agradece e, acompanhada da senhora, deixa o estabelecimento.

Alguns dias se passam, e o hotel é acionado judicialmente por quebra de sigilo de informações de um de seus hóspedes, justamente o marido daquela jovem. Ocorre que ele havia ingressado no hotel acompanhado não de sua esposa, mas, sim, da amante. A esposa, acompanhada por uma advogada quando esteve no hotel, ao ter acesso à segunda via da **nota de hospedagem do marido**, pôde comprovar a traição e o nome da amante.

O cliente, por sua vez, sentiu-se prejudicado pela atitude do hotel e entrou com um processo por violação de sigilo funcional, com base no artigo 325 de nosso Código Penal (Decreto-lei 2.848/1940), que diz: "Revelar fato de que tem ciência em razão do cargo e que deva permanecer em segredo, ou facilitar-lhe a revelação: Pena – detenção, de seis meses a dois anos, ou multa, se o fato não constitui crime mais grave."

Casos desse tipo podem ocorrer sob diversas circunstâncias e de várias formas. Muitas vezes, mesmo ao telefone, a mulher ou o marido toma ciência de que seu cônjuge está hospedado(a) em determinado hotel acompanhado(a) de outra pessoa.

O hotel não deve envolver-se na vida de terceiros, e, sim, manter o sigilo das informações de seus hóspedes. Qualquer dado do cliente deve ser fornecido somente se o próprio autorizar ou mediante ordem judicial.

> ### PARA REFLETIR
>
> - Qual o procedimento a ser adotado pela gerência de Recepção para que situações como essa não mais ocorram?
>
> - De que forma a esposa traída poderia, legalmente, solicitar a cópia da conta do hotel em que seu marido esteve hospedado?

SITUAÇÃO 9

RECEPCIONISTAS DESVIAM DINHEIRO DE HOTEL POR MEIO DE CONTAS PAGAS E TÊM AUXÍLIO DE AUDITOR NOTURNO, QUE "MARRETAVA" O FECHAMENTO DIÁRIO

Infelizmente, muitos gerentes departamentais não conhecem seus subordinados como deveriam. E, com frequência, dão-se conta disso da pior forma possível, quando algum escândalo surge, o que, em alguns casos, ainda compromete a própria gerência do departamento.

O caso a seguir descreve uma situação envolvendo o departamento de Recepção de um hotel classificado com cinco estrelas localizado em uma das principais capitais brasileiras.

> Em uma tarde de verão, a secretária do gerente geral do hotel recebe um telefonema de uma mulher que não se identifica, mas diz ter informações sobre casos de roubos ocorridos no departamento de Recepção. Inicialmente, o gerente não quer atendê-la e encaminha a ligação ao *controller* do hotel, para quem a senhora, então, informa que alguns recepcionistas estão desviando dinheiro das contas dos hóspedes pagas no caixa da recepção. A mulher relata também sobre um churrasco na casa de um deles em que **notas de hospedagem** teriam sido queimadas. Ela, no entanto, havia guardado algumas.

Em um encontro marcado fora do hotel, a mulher entrega algumas das **notas de hospedagem** ao *controller*. Quando questionado o motivo de sua denúncia, ela diz ser mulher de um dos envolvidos e desejar punir seu marido infiel.

De posse dos documentos, o *controller* volta ao hotel. Sua primeira atitude é procurar a **fita detalhe** (fita da máquina registradora em que se encontram todos os lançamentos de despesas dos apartamentos) referente aos dias das **notas de hospedagem** que tem em mãos, para identificar se, efetivamente, houve, ou não, os pagamentos. Para sua surpresa, as referidas fitas não se encontram em seu local de armazenamento.

É da responsabilidade do **auditor noturno**, funcionário subordinado à Controladoria, a verificação da retidão de todos os lançamentos do dia e, posteriormente ao encerramento dessas atividades, efetua a abertura de nova fase de lançamentos para o dia seguinte.

O **auditor noturno** envolvido no caso encontra-se de férias e não é possível contatá-lo. O *controller*, então, relata o caso ao gerente do hotel, que, por sua vez, manda chamar o gerente de Segurança para que este também tome conhecimento dos fatos. Eles decidem interrogar o gerente de Recepção, supondo que ele esteja envolvido.

Em uma situação muito semelhante à dos interrogatórios de filmes policiais, o gerente de Recepção é excessivamente questionado sobre o assunto e, a todo momento, demonstra-se surpreso com as informações, afirmando desconhecer os fatos. Após cerca de uma hora, conclui-se que o gerente de Recepção não está envolvido. Pesam, a seu favor, o tempo de casa com excelentes serviços prestados e nenhuma atitude que, até então, desabone sua conduta.

Em seguida, todos os envolvidos são identificados. Verifica-se quem estava responsável pelo caixa da recepção quando da ocorrência dos desvios de dinheiro. E, obviamente, sabe-se também que o **auditor noturno** é um dos envolvidos, pois o saldo do hotel nunca "bateria" sem as receitas desviadas, salvo se o auditor fizesse algum tipo de falcatrua para "marretar" os valores lançados. Afinal, ele é o funcionário de confiança responsável por identificar eventuais erros que a recepção possa cometer.

A estratégia usada pelos envolvidos era muito simples, mas não teria êxito sem o envolvimento do **auditor noturno**. Eles pediam aos **correntistas** – funcionários responsáveis por efetuar lançamentos em contas de apartamento – para fechar a conta de determinado hóspede. Quando o cliente efetuava o pagamento em dinheiro, eles retiravam a primeira das três vias da conta, carimbavam-na com a palavra "pago" e entregavam-na ao hóspede. As outras duas vias, que deveriam voltar para os **correntistas** para que o pagamento fosse efetivado na máquina registradora, não voltavam e eram guardadas em algum canto, para depois serem levadas para fora do hotel. Como relatado, desse jeito, o saldo do hotel não estaria em conformidade no fechamento noturno. Todavia, com a ajuda do auditor, tal erro não era detectado.

Por fim, os cinco envolvidos são demitidos por justa causa e também é feita uma queixa na delegacia local contra esses suspeitos.

Como se pode ver, muitas vezes, podemos ser surpreendidos com casos como esse, envolvendo pessoas bastante próximas. O gerente de Recepção nunca suspeitou que tais ações ocorriam em seu departamento e, por muito pouco, não acabou envolvido ou prejudicado por esse roubo. Na visão inicial dos gestores, ele poderia ser cúmplice, conivente ou até mesmo inapto para o cargo, uma vez que não detectou os desvios dentro de seu próprio departamento. No entanto, o envolvimento do **auditor noturno** retirou parte dessa responsabilidade de suas mãos, e ele foi mantido no cargo.

Essa situação ocorreu há bastante tempo. Hoje, a maioria dos hotéis tem todo seu sistema informatizado, o que dificulta uma ação como essa. Entretanto, do mesmo modo que a tecnologia auxilia na prevenção, também ajuda nas fraudes. Por isso, todo cuidado é pouco e devemos procurar cercar-nos de pessoas honestas e de bom caráter.

Para refletir

- Na sua visão, existe uma falha da gerência de Recepção por não ter detectado tal situação? E quanto ao *controller* do hotel, ele também não deveria supervisionar os serviços de seus funcionários?

- Indique os pontos vulneráveis, isto é, sem a devida supervisão, que podem ser observados nesse caso.

SITUAÇÃO 10

Clientes chegam a hotel para Ano-Novo, não encontram suas reservas e apresentam comprovante de depósito efetuado em conta de hotel homônimo

A velocidade com que a internet adentrou nossas vidas é espetacular. Hoje, sabemos praticamente tudo o que ocorre em todo o planeta em tempo real. Pela internet, é possível comprar todo tipo de produto, desde um simples par de meias até aeronaves.

Na área de Turismo, podemos programar toda uma viagem sem sair de casa por meio do computador. Compramos passagens aéreas, passeios adicionais, fazemos reservas em hotéis, alugamos carros e celulares, ingressos para shows e diversas outras facilidades. Não obstante, precisamos estar bem atentos aos sites em que navegamos, procurando ler atentamente os regulamentos e os detalhes em geral, para, somente depois disso, efetivar a compra. Correntemente, em sites hoteleiros, o cliente pode efetuar a reserva, oferecer o número de seu cartão de crédito como garantia de ***no show*** (quando o cliente não comparece ao hotel na data acordada conforme consta em seu contrato de reserva) ou efetuar um depósito na conta do hotel para assegurar a reserva.

Nos **pacotes** para períodos de festas de Ano-Novo, Carnaval e/ou quando há grandes eventos na cidade, normalmente, os hotéis exigem o **pré-pagamento** de todo o valor e deixam claro que essa quantia não será reembolsável caso o cliente desista da hospedagem.

O relato a seguir apresenta uma situação que ocorreu no Rio de Janeiro durante o período de festas de Ano-Novo.

Em um 28 de dezembro, um casal chega ao balcão da recepção de um hotel classificado com quatro estrelas, de frente para a Praia de Copacabana, e deseja confirmar sua reserva. Ao tentar localizar, no sistema, a reserva em nome do cliente, o recepcionista não a encontra. Continua procurando em outras possíveis datas, e o esforço é em vão. Ele, então, pede mais informações sobre a reserva ao cliente: quando foi feita, se foi solicitada por meio de uma **agência de viagens** e, no caso de ter sido diretamente com o hotel, com quem falou etc. O cliente informa ter trocado e-mails e até mesmo efetuado um depósito bancário referente ao **pacote**. Uma vez mais, o recepcionista busca a reserva. Nesse ínterim, o cliente apresenta ao recepcionista o comprovante do depósito bancário e a cópia dos e-mails com todas as condições acordadas da reserva.

O recepcionista verifica, nesse momento, que o endereço eletrônico não é o do site do hotel, bem como a pessoa que os responde não faz parte do quadro funcional de seu departamento de Reservas. Ao conferir-se também o depósito bancário, constata-se não ser a conta-corrente do hotel.

Pesquisando um pouco mais, conclui-se que o endereço é de um hotel em Santa Catarina com nome similar ao do Rio (a diferença era que este último tinha a palavra "Palace"). Por fim, entende-se que o cliente, que já conhecia de nome o hotel do Rio, acessou a internet por um site de busca e digitou apenas o primeiro nome do estabelecimento. Em seguida, clicou na página inicial do site do hotel de Santa Catarina e foi iniciada a negociação. O cliente supunha estar falando com o hotel do Rio de Janeiro, ao passo que o hotel de Santa Catarina, claro, acreditava que o cliente realmente queria fazer sua reserva lá. Informações foram passadas, condições foram acordadas e um grande problema foi criado.

O recepcionista do Rio entra em contato com o hotel de Santa Catarina e confirma que há uma reserva para o cliente que está em sua frente no balcão. Depois de tudo esclarecido, o hotel do Rio, por não ter mais disponibilidade em suas dependências, consegue acomodar o casal em outro hotel da cidade.

Esse relato envolveu uma grande coincidência; todavia, poderá servir de referência para eventuais casos semelhantes.

> **PARA REFLETIR**
>
> - O hotel do Rio de Janeiro poderia ter feito algo a mais pelo casal?
>
> - Quanto ao hotel de Santa Catarina, seria justo devolver ao cliente a quantia paga antecipadamente?
>
> - Na sua opinião, deveria haver políticas especiais em períodos de festas, feriados e nos meses tradicionais de férias?

SITUAÇÃO 11

Problemas de gestão da gerência de Recepção influenciam rendimento de equipe

As gerências de departamentos devem ter muito cuidado com suas ações, pois essas podem influenciar negativamente o rendimento da equipe. Em diversas ocasiões, tive a oportunidade de ver gerentes departamentais realizarem ações impensadas e imediatistas, sem avaliar previamente as consequências de seus atos. Muitas dessas decisões são movidas por fatores emocionais intempestivos, como irritação, impaciência, intolerância, ou, simplesmente, por pura inabilidade para agir em certas circunstâncias.

Alguns desses gerentes, após serem repreendidos por seus superiores em decorrência de eventuais falhas em seu departamento, procuram "descontar" em seus subordinados. Outros se sentem deprimidos e transmitem tal emoção para seus colaboradores, ou, ainda, disseminam sentimentos de revolta, que também acabam influenciando seu grupo de trabalho. Em todas essas circunstâncias, o resultado é a queda da qualidade e da produtividade de toda a equipe do departamento.

Há também outras situações que podem arruinar a credibilidade de um gerente departamental perante seus subordinados – inclusive problemas de relacionamento entre a chefia e seus subordinados.

O caso a seguir é um exemplo de como um gerente pode perder sua respeitabilidade diante da equipe.

> O gerente de Recepção de um hotel em Curitiba, no Paraná, após longa análise, toma a decisão de demitir um de seus recepcionistas. O ato é motivado pelos constantes conflitos criados dentro da própria equipe por esse funcionário, que, além de ter problemas de relacionamento, demonstra estar muitas vezes com a cabeça distante do local de trabalho.
>
> Antes de demitir o recepcionista, o gerente toma as medidas preventivas cabíveis: aciona o departamento de RH da empresa, solicita um profissional substituto e informa o desejo de efetuar a demissão, aguardando apenas a contratação de um novo funcionário.
>
> Durante duas semanas, o RH seleciona profissionais, realiza dinâmicas e entrevistas com os candidatos, até que ficam somente três opções para a escolha do gerente de Recepção. Após entrevistas com

os três candidatos, o gerente opta por um deles e dá início ao processo de contratação, que se estende por quatro dias, tempo necessário para o levantamento do histórico profissional do candidato, os exames médicos e a entrega dos documentos exigidos. Realizadas todas as etapas, o candidato aprovado testa seu uniforme e é comunicado de que iniciará suas atividades em dois dias.

No dia anterior à entrada do novo funcionário, o gerente de Recepção prepara-se para, finalmente, demitir aquele recepcionista. Ao término do horário de trabalho, a gerência chama-o em sua sala para comunicar-lhe seu desligamento. Depois de iniciar a conversa e informar sobre a demissão, o gerente decide ouvir seu funcionário, que lhe esclarece que passa por um momento difícil com várias questões familiares e precisa muito continuar trabalhando. Acrescenta detalhes sobre os problemas por que passa e pede uma segunda chance. O gerente, movido pelo coração, acata o pedido do recepcionista e não o demite.

No dia seguinte, o gerente chega mais cedo que o habitual e vai comunicar ao novo funcionário – que começaria naquela manhã – que ele não mais será aproveitado, ao menos não naquele dia nem naquele hotel. Elucida superficialmente o porquê da sua mudança de decisão e lhe promete uma oportunidade na primeira vaga que houver.

As consequências daquela atitude logo começam a surgir. O gerente de Recepção perde a credibilidade perante sua equipe, cria um ar de desconfiança com a gerência do hotel e ainda causa um problema de relacionamento com o departamento de RH, que se dedicou a contratar um novo profissional, o que, no fim das contas, revelou-se perda de tempo. Isso tudo sem nos esquecermos do problema gerado com o candidato que chegava ao hotel pela manhã convencido do início de sua atividade na empresa.

Nosso objetivo aqui não é julgar se a decisão de manter o funcionário foi a mais correta ou não, e, sim, como ela foi adotada. A conversa que o gerente de Recepção teve com o funcionário no dia de sua pretensa demissão poderia ter sido realizada bem antes, para saber se o funcionário passava por dificuldades que refletiam na queda de produtividade e em problemas de relacionamento com seus colegas de trabalho. Até mesmo uma futura promoção para esse gerente se tornou questionável, pois ele se mostrou uma pessoa instável, movida pela emoção e facilmente influenciável.

> **PARA REFLETIR**
>
> - Como você interpreta a decisão do gerente de Recepção sobre não demitir o profissional?
>
> - Haveria alguma outra saída para a situação apresentada?

SITUAÇÃO 12

CASOS DE RECEPÇÃO ENVOLVENDO PASSAGEM DE SERVIÇO, BLOQUEIO DE QUARTOS E COBRANÇAS INDEVIDAS DE NO SHOW

A recepção de um hotel tem diversas atividades a serem realizadas antes da chegada do hóspede e durante o período de trabalho, dividido em três turnos. Um dos principais motivos de alguns problemas que ocorrem no departamento de Recepção é a passagem de serviço, que nem sempre é feita corretamente entre os turnos, ou seja, existem os conhecidos "ruídos de comunicação".

Normalmente, uma recepção conta com um livro (conhecido como *logbook*), no qual são registradas todas as ocorrências de um período e também são deixadas instruções de um turno para outro. Além das instruções por escrito, deve-se também orientar verbalmente o colega que assume o novo turno. Este, por sua vez, ao chegar deve, obrigatoriamente, ler o livro da recepção. Entretanto, nem sempre o procedimento é cumprido, e isso gera problemas operacionais. Vejamos um exemplo.

> Em um hotel classificado com quatro estrelas, localizado na cidade do Rio de Janeiro, uma agente de viagens liga de sua casa, por volta das 21h30, informando que um hóspede chegará ao hotel ainda naquela noite, em horário não determinado, e que sua agência não realizou a reserva. Impossibilitada de enviar e-mail ou fax, ela passa o nome do cliente por telefone e diz que, na manhã seguinte, enviará os documentos necessários para garantir a reserva. Por se tratar de uma agência conhecida, a recepção concorda com o procedimento. Todavia, o recepcionista não cadastra a reserva no sistema, deixando apenas um registro no *logbook*. Também não informa verbalmente o fato ao recepcionista do turno seguinte.

Por volta das 3h da manhã, o referido hóspede chega ao hotel. O recepcionista que o atende informa que não consta reserva em seu nome e, para piorar a situação, exige **pré-pagamento** da diária (procedimento habitual das recepções quando da chegada de hóspedes sem reserva e que não sejam conhecidos). O hóspede, por sua vez, afirma que sua agência confirmou a reserva, não concorda com o pagamento, deixa o hotel e segue para outro estabelecimento.

Pela manhã, tomando ciência do ocorrido, a **agência de viagens** faz severas críticas ao hotel, que precisa de uma carta de esclarecimentos redigida pela Gerência Geral para pedir desculpas formalmente à agência e ao hóspede.

Uma situação também muito comum no departamento de Recepção é a falha no bloqueio de quartos em razão das reservas de clientes que chegarão naquele mesmo dia ou em dias subsequentes e que exigem um bloqueio preventivo. Logo pela manhã, é obrigação dos funcionários da recepção analisar todas as reservas e procurar bloquear os quartos de acordo com as solicitações (por exemplo, hóspedes que desejam andares altos ou reservados para não fumantes, quartos distantes do elevador, quartos com camas grandes ou com vista para o mar, quartos comunicantes etc.). Se o bloqueio antecipado não for realizado, pode haver problemas no início da noite, pois poucos quartos aptos estarão disponíveis, podendo não atender as exigências dos clientes.

Vejamos outro exemplo.

Determinado hotel tem sua ocupação programada para o dia seguinte em torno de 70%, mas essa previsão muda para 100%. Os recepcionistas do turno da manhã começam a fazer **check-in** livremente, acreditando haver muitos quartos disponíveis, sem se preocuparem em analisar as reservas e bloquear adequadamente os quartos. Assim, os apartamentos são distribuídos à medida que os clientes chegam.

No fim da noite, começam os problemas – chegam, por exemplo, dois homens ou duas mulheres quando restam somente quartos com camas de casal disponíveis, uma vez que a recepção concedeu quartos com duas camas a hóspedes com reservas para quartos de solteiro (*single*). Agora, esses quartos fazem falta. A solução encontrada é pôr camas extras em alguns quartos para a segunda pessoa dormir e, no dia seguinte, tentar mudar esses hóspedes para os quartos de acordo com suas reservas.

Outra falha que a recepção costuma cometer é a abertura de *no show* sem antes adotar os devidos cuidados. O *no show* é a cobrança de uma diária quando o hóspede não comparece ao hotel e sua reserva encontra-se garantida por um documento de suporte (e-mail, fax, **voucher**, depósito). Esse procedimento, normalmente, é realizado pelo recepcionista da madrugada, que, ao verificar as reservas dos clientes que não apareceram até aquele momento, identifica as que foram garantidas por documentos e lança as diárias. Entretanto, quando o funcionário trabalha de forma automática, muitas vezes, abre *no shows* indevidos. Descrevemos, a seguir, algumas causas.

1. A reserva está lançada com a data daquele dia; porém, se o recepcionista ler com atenção o documento de suporte, verá que houve uma falha do departamento de Reservas. Por exemplo, o dia constante da data está correto, mas a reserva é para o mês seguinte.
2. A data está correta, mas, no documento, é citado o nome de outro hotel. Embora nesse caso o equívoco seja, provavelmente, da **agência de viagens**, o hotel também errou ao não questionar o fato de o estabelecimento citado no e-mail ser outro.
3. O recepcionista não verifica no sistema se o hóspede já está hospedado. Muitas vezes, a nova reserva na realidade é uma prorrogação da atual. Em decorrência de uma falha, por exemplo, da secretária do cliente ou dos funcionários do setor de Reservas, essa é lançada como uma nova solicitação. O processo passa pelo setor de Reservas e também pelo de Recepção sem que o erro seja detectado.
4. O hóspede possui duplicidade de reservas: uma feita por sua **agência de viagens** e outra pelo próprio cliente. Quando o hóspede chega ao hotel, confirma a reserva particular e, à noite, abre-se *no show* para a reserva garantida pela agência.

PARA REFLETIR

- Cite algumas sugestões para melhorar a passagem de serviço entre os recepcionistas.

- Em sua opinião, o que precisa ser feito para que o bloqueio de quartos seja mais bem administrado pela recepção?

- Considerando as causas citadas para os problemas com lançamentos indevidos de *no show*, o que pode ser feito para evitá-las? Cite também outros motivos para a abertura de *no shows* improcedentes.

3

Cases de
RESERVAS

SITUAÇÃO 1

Falha no setor de Reservas provoca overbooking e obriga encaminhamento de grupos para outros hotéis

O *overbooking* (ou, simplesmente, *over*, como é conhecido) é uma situação típica dos setores hoteleiro e de aviação. Por venderem itens sujeitos a lotação (nos hotéis, dos quartos; na aviação, dos assentos), esses segmentos muitas vezes geram *overbookings* por falta de planejamento, por falhas ou de modo proposital.

Em Hotelaria, o *overbooking* ocorre quando o número de reservas para determinada data é maior que a quantidade de apartamentos disponíveis para atender a essa demanda.

As causas de um *overbooking* podem ser variadas; por exemplo, uma falha do setor de Reservas, que, eventualmente, esquece-se de lançar algumas reservas no sistema ou lança uma quantidade de apartamentos inferior à solicitada por um grupo. É típica também a situação do *overbooking* premeditado, quando o hotel tem a intenção de criá-lo por motivos como os mostrados a seguir.

- Em razão de um hotel ter, historicamente, muitas reservas sem a segurança do *no show*, gera-se um *over* com a intenção de que, ao fim da noite, mesmo havendo uma série de reservas sem comparecimento nem garantias, ainda se consiga fechar o dia com elevada ocupação.
- Alguns hotéis de uma rede podem ter ocupação mais baixa do que outros. Assim, busca-se criar o *over* nos estabelecimentos de maior procura na rede para, posteriormente, repassar o excedente, se necessário, para aqueles que ainda tenham disponibilidade.

O relato a seguir descreve um *overbooking* decorrente de uma falha do setor de Reservas, que digita a solicitação de um grande grupo no mês errado, abrindo espaço para novas vendas no período desejado por aquelas pessoas.

No início de determinada semana, a funcionária de Reservas recebe por fax uma *rooming list* (lista de nomes dos participantes de um grupo). Ao procurá-la no sistema de reservas pela data informada no fax, de início, não a encontra. Dando busca apenas no nome do grupo, localiza-a, mas no mês seguinte ao da data informada no fax. Ao analisar o processo anterior de reservas, constata que outra funcionária cometeu o erro em relação às datas. Para piorar a situação, o grupo ocupará muitos apartamentos e não há mais disponibilidade para acatar essa reserva no período correto.

Levada a questão à gerência de Reservas e, posteriormente, à Gerência Geral do hotel, inicia-se uma busca para a solução do delicado problema. Como complicador externo, há um grande evento na cidade, e a maioria dos hotéis, que já está com elevada ocupação, dificilmente poderá admitir tantos apartamentos de uma só vez. A solução é tentar repassar outros grupos menores e absorver o grupo grande. Isso também significa um maior desgaste, na medida em que se tem de lidar com um maior número de clientes (agências ou empresas), para que haja negociações. Nessa hora, é fundamental a gerência ter um bom relacionamento com seus clientes e com a gerência dos hotéis para os quais se deseja repassar o excedente.

Ao pedir para repassar um grupo praticamente em cima da data de chegada, a resposta do cliente é "não", na maioria dos casos. Também pode haver ameaças de processo ao hotel e de não mais o considerar para futuras contratações. É necessário muita experiência para lidar com essas crises.

O procedimento a ser seguido para buscar a solução de um *overbooking* costuma ser executado segundo as etapas apresentadas a seguir.

1. Relacionam-se todas as reservas que possam sofrer o repasse.
2. Identificam-se os casos em que o hotel e/ou a gerência têm uma boa relação com seus clientes.
3. Verifica-se a disponibilidade de apartamentos em outros hotéis de categoria igual ou superior para os quais seja possível realizar os repasses.
4. Entre as empresas previamente escolhidas com base no bom relacionamento, verifica-se se a quantidade é suficiente para resolver o problema. Em caso afirmativo, inicia-se o contato com os clientes, expondo-lhes o problema e propondo-lhes repassar seus grupos para outros hotéis.

5. Caso se consiga equacionar o problema nessa fase, o processo de negociação termina aqui. Se não forem alcançados os repasses necessários para resolver a situação, buscam-se mais alternativas.
6. Entre as demais reservas viáveis para repasse e que não foram inicialmente selecionadas, identificam-se as de menor expressão, ou seja, agências ou empresas que poucas vezes trabalharam com o hotel, e informa-se que, por motivo de força maior, seu grupo será repassado.
7. Se depois disso tudo o problema não for equacionado, resta apenas a saída mais difícil e a ser adotada como último recurso: realizar quantos repasses forem necessários, mesmo sem a autorização do cliente. Vale ressaltar, no entanto, que essa medida pode causar, posteriormente, problemas jurídicos ao hotel.

No caso em questão, a gerência do hotel consegue contornar o problema repassando dois grupos de médio porte para outro hotel – o fator primordial que tornou essa alternativa viável foi o bom relacionamento do gerente geral com as duas agências envolvidas. E, além das medidas básicas que o hotel precisa cumprir para efetuar o repasse, o próprio gerente do hotel decide participar do **check-in** dos dois grupos no outro hotel, pede desculpas pelo ocorrido, isenta as agências de responsabilidade sobre aquela situação e convida os hóspedes para jantarem em seu hotel como forma de minimizar todo o aborrecimento gerado.

> **PARA REFLETIR**
>
> - Qual é sua opinião sobre a situação apresentada?
>
> - É certo ou errado um hotel criar **overbooking** quando em seu histórico há um número excessivo de reservas canceladas em cima da hora ou sem garantia de **no show**?
>
> - A atitude adotada por fim pelo gerente geral foi suficiente ou ele poderia ter tomado outras providências? Quais?
>
> - Que precauções podem ser adotadas para evitar o **overbooking** e, ainda assim, manter elevada a ocupação de um hotel?

SITUAÇÃO 2

Cliente efetua depósito antecipado de sua diária e é cobrado novamente quando deixa o hotel

Esta falha é constante em hotéis: o cliente efetua um depósito bancário, o qual não é localizado por não ter sido tratado com a devida atenção, inicialmente, pelo setor de Reservas e, posteriormente, pela Controladoria do hotel.

Os hotéis, de maneira geral, recebem diariamente inúmeros depósitos referentes a pagamentos de faturas e de diárias antecipadas para períodos próximos ou até distantes (por exemplo, **pré-pagamentos** de **pacotes** para os períodos de festas de Ano-Novo, Carnaval ou de feriados prolongados). Muitos desses depósitos se referem a valores em dólar, que são convertidos por câmbios diversos e, em alguns casos, de forma errônea.

O procedimento de reservas deve considerar as informações passadas; o acompanhamento, a cobrança e o recebimento de tais valores devem ser sempre muito bem "amarrados", para que não haja falhas que venham a tornar-se, mais adiante, um problema para o cliente final, seja um hóspede, seja um cliente de eventos.

O caso seguinte relata uma situação em que o cliente solicita sua reserva e é imposta a ele, pelo setor de Reservas, a obrigação de efetuar o **pré-pagamento** de suas diárias, por se tratar de um hóspede sem vínculo com **agências de viagens** nem com empresas. O cliente efetua o depósito com a antecedência solicitada; porém, não envia o respectivo comprovante. Por sua vez, o setor de Reservas também não faz o devido acompanhamento do processo, não contata o cliente e registra a reserva no sistema mencionando que falta o **pré-pagamento**.

O mencionado cliente, que deveria chegar ao hotel em uma sexta-feira (quando começava sua reserva), vem somente no dia seguinte, sábado pela manhã. Como não há menção ao depósito efetuado, o *no show* não pode ser cobrado pelo dia anterior. A recepção, por sua vez, faz o ***check-in*** do hóspede sem qualquer alusão ao depósito. Sem nada saber, o hóspede efetua o ***check-out*** no domingo pela manhã.

Para sua surpresa, é cobrada a diária de sábado para domingo. Embora afirme ter efetuado há mais de dez dias o depósito referente a duas diárias, o recepcionista não tem nada que confirme isso e obriga o hóspede a pagar suas despesas de hospedagem.

Na segunda-feira seguinte, o cliente entra em contato com o hotel para fazer uma reclamação sobre o fato. Realizados os levantamentos de modo correto, o depósito é, então, localizado. Além do pedido formal de desculpas, o hotel tem de devolver o valor total do depósito, referente a duas diárias.

Esse *case* comprova como uma falha de procedimento pode acarretar perda de receita (a diária do **no show** não pôde ser cobrada) e, o mais grave, levantar dúvidas quanto à credibilidade do hotel no controle de seus recebimentos.

Como citado no início, a Controladoria também falhou, uma vez que deveria diariamente passar, ao setor de Reservas, os valores dos depósitos não identificados. Desse modo, os funcionários responsáveis pelas reservas poderiam ter conferido, em seus processos, se havia algum depósito pendente semelhante aos valores não identificados apresentados pela Controladoria.

Para refletir

- Como você analisa a situação descrita? É possível elaborar um procedimento mais eficaz?

- O recepcionista poderia ter feito algum tipo de checagem para evitar a cobrança da diária no **check-out** do referido hóspede?

- Apesar dos problemas ocorridos, seria justo cobrar desse hóspede o **no show** da primeira noite?

SITUAÇÃO 3

Agência de viagens não efetua pré-pagamento de diária, e recepção cobra de hóspede

O *case* a seguir representa uma situação comum em qualquer hotel do Brasil. Quando uma **agência de viagens** faz uma reserva e não tem cadastro para que se emita uma fatura, vê-se obrigada a pagar antecipadamente as diárias de seu cliente. O acordo é feito com o departamento de Reservas, que insere a reserva no sistema e aguarda o depósito bancário referente às diárias. Entretanto, muitas vezes, o tempo passa e nenhum depósito é efetuado.

Ao chegar ao hotel e fazer o **check-in**, o cliente nem sempre é informado sobre a situação de sua reserva em relação ao pagamento. Novos contatos são feitos diretamente com agência, que, por sua vez, não toma nenhuma providência. O hotel, então, informa ao hóspede o valor de suas despesas a serem pagas na saída, inclusive as diárias que, supostamente, ele já pagou à **agência de viagens**.

Esse momento pode tornar-se um grande problema ou, simplesmente, ter uma solução simples, caso o hóspede concorde em pagar sua conta para, somente depois, tomar as devidas providências contra sua **agência de viagens**. No entanto, nem sempre a solução mais simples é aceita pelo cliente. É comum o caso prolongar-se e haver muito desgaste entre os funcionários do hotel, da **agência de viagens** e o hóspede.

O relato a seguir é um típico exemplo da situação citada.

> Uma **agência de viagens** solicita reserva para determinado cliente em um hotel. Tendo em vista que o crédito dessa agência se encontra suspenso em razão de atrasos em outros pagamentos, é solicitado que a empresa efetue um **pré-pagamento**. Como em oportunidades similares, a exigência é feita, a reserva é acatada e segue seu curso naturalmente. Por falha do departamento de Reservas, não há um acompanhamento adequado do processo antes da chegada do hóspede, que aparece sem que a agência tenha efetuado o **pré-pagamento**.
>
> Após o *check-in* do hóspede, é realizado outro contato com a agência para que providencie o depósito com urgência. Dois dias passam-se, e nada de novo ocorre. Como a agência não responde sobre o depósito, o hóspede é comunicado que deve pagar todas as suas despesas ao sair. Ele, por sua vez, afirma não ter condições para efetuar novo pagamento e reclama por tomar conhecimento da situação somente um dia antes de sua partida. Novos contatos são feitos com a agência, que, praticamente na hora da partida do hóspede, envia um mensageiro com o valor total das diárias, em espécie, para efetivar o pagamento.
>
> Feito isso, o hóspede é liberado, pagando somente seus gastos extras, como lanches no quarto, itens do **frigobar**, consumo no restaurante e telefonemas.

> ### PARA REFLETIR
>
> - Em relação a esse relato, se você estivesse na posição do hóspede, consideraria justo que as diárias fossem cobradas quando o hotel se manifesta somente a um dia de sua partida?

- Qual seria o procedimento correto a ser adotado em relação a uma solicitação de reserva oriunda de uma empresa ou **agência de viagens** que não tenha crédito liberado (sem cadastro) ou cujo crédito esteja suspenso por débitos em atraso? Deveria ser acatada a reserva e ser solicitado um **pré-pagamento**, ou a reserva deveria ser confirmada somente após o **pré-pagamento**?

SITUAÇÃO 4

Falhas típicas do departamento de Reservas

O departamento de Reservas de um hotel com excelentes ocupações costuma ser um local bem movimentado, portanto, sujeito a constantes erros causados pelo fluxo de trabalho e também por diversos fatores coadjuvantes.

Vamos analisar a situação do departamento de Reservas de um hotel classificado com quatro estrelas de uma grande cidade com, em média, 78% de ocupação anual e 220 quartos.

O referido departamento conta com três funcionários, que trabalham nos seguintes horários: das 8h às 16h20, das 9h às 17h20 e das 10h30 às 18h50. Ao primeiro, tão logo inicia seu expediente, cabe verificar as pendências do dia anterior, assim como eventuais e-mails ou faxes que tenham chegado após o fechamento do departamento de Reservas. O segundo funcionário, inicialmente, auxilia na solução dos problemas pendentes, atende o telefone e responde a novos e-mails — é ele o responsável pelo departamento. Por último, chega o outro funcionário, que terá como finalidade principal analisar os processos de reservas do dia seguinte, os quais serão enviados para a recepção à noite, quando do fechamento do departamento de Reservas.

Veja, a seguir, alguns dos erros frequentemente cometidos por esse setor.

Solicitação de reserva é confirmada com o cliente, mas departamento esquece-se de fazer o lançamento no sistema informatizado

Este é um erro recorrente em hotéis com grande volume de reservas. Seus profissionais são treinados para realizar a venda e mostrar agilidade na resposta ao cliente. Todavia, muitos se esquecem de dar a continuidade correta ao processo.

Entre uma ligação e outra, a solicitação que deveria ser inserida no sistema vai ficando para trás até ser esquecida. Posteriormente, o cliente chega à recepção e sua reserva não é encontrada. Depois de novas buscas, detecta-se onde houve a falha. Estando o hotel com disponibilidade, o problema em geral é resolvido facilmente. Entretanto, se for um dia em que a ocupação já está em cem por cento e o cliente chega no fim da noite, a referida falha trará prejuízos.

CANCELAMENTO DE RESERVA NÃO É INSERIDO NO SISTEMA

Este parece semelhante ao erro anterior; contudo, tem consequências distintas. Quando o funcionário de Reservas não cancela no sistema uma reserva solicitada por uma agência ou empresa, o resultado é um ***no show***. Se a reserva não tiver garantia para a cobrança do ***no show***, nada ocorrerá. No entanto, se for garantida, a recepção lançará a primeira diária para ser cobrada do cliente solicitante. Ao receber a fatura, ele notará o erro cometido e a devolverá acompanhada do comprovante de solicitação de cancelamento com a devida concordância do departamento de Reservas.

Dependendo da política interna do hotel, essa diária poderá ser simplesmente estornada ou ser cobrada do funcionário de Reservas. Além disso, outra indesejável consequência poderá ser a insatisfação do cliente que solicitou o cancelamento da reserva; afinal, ele procedeu corretamente e foi cobrado de maneira indevida.

LANÇAMENTO DE VALORES DE DIÁRIAS INCORRETOS NOS PROCESSOS DE RESERVA

Muitas vezes, esse erro é induzido por uma grade tarifária imensa de uma única **agência de viagens** com tarifas diferenciadas de acordo com os mercados para os quais trabalha. Entretanto, na maioria das vezes, a causa principal é a falta de atenção do funcionário responsável pelas reservas ao ler um documento.

Vejamos um exemplo: a agência "X" tem tarifas distintas para os mercados alemão, turco e espanhol. Ao solicitar a reserva, a agência, geralmente, inclui no texto a que mercado se refere. Todavia, a referida agência tem seu maior número de reservas oriundo do mercado alemão, ao qual os funcionários encarregados das reservas estão mais acostumados. Logo, em vez de lerem do modo correto o texto da solicitação, fazem automaticamente a reserva lançando a tarifa mais utilizada.

É difícil tal falha ser detectada pela recepção, na medida em que essa tarifa, de certa forma, está "correta", pois se trata de uma tabela que a agência realmente pratica. Posteriormente, após ser enviada à agência para pagamento, a fatura retorna para as devidas correções tarifárias. Isso pode comprometer o fluxo de caixa do hotel, que conta com determinados valores ingressando na receita em datas específicas, mas, com o retorno da fatura para correção, normalmente o prazo de pagamento é prorrogado.

RESERVAS DE GRUPOS: FALHAS EM BLOQUEIOS, ATUALIZAÇÕES E CANCELAMENTOS REALIZADOS COM ATRASO

Ao reservar quartos para grupos, o departamento de Reservas costuma cometer alguns erros. O primeiro pode ser na quantidade de quartos reservados ou nas datas de chegada e saída, sobretudo quando as reservas de um mesmo grupo vêm com datas de entrada e saída diferentes, em decorrência de falta de lugar nos voos. Se a atenção não for redobrada quando da inserção dos dados da reserva no sistema, falhas podem ocorrer.

Quando, por exemplo, a reserva de um grupo é solicitada com bastante antecedência, é normal ocorrerem alterações antes de sua chegada (por exemplo, aumento ou redução do número de quartos, modificação de datas de chegada ou saída, alteração de nomes de hóspedes, pedidos diversos etc.). Se não houver a devida atenção nesse momento, poderá ser criado um problema, que, provavelmente, virá à tona no momento da efetiva chegada do grupo ao hotel.

Outro erro é deixar de fazer o acompanhamento constante das reservas, independentemente de o cliente ter ou não enviado documentos de atualizações. Com frequência, um grupo de muitos quartos é cancelado a poucos dias de sua entrada, quando, na realidade, a agência apenas solicitou uma **cotação** e não deu continuidade ao processo. O departamento de Reservas, por sua vez, também não questionou a suspensão dos contatos, fazendo isso somente alguns dias antes do **check-in**. Essa falha pode acarretar perda de receita, pois, como os quartos estavam bloqueados para aquele grupo, outras vendas ficaram impossibilitadas.

Uma vez que os hotéis trabalham com públicos de diferentes nacionalidades, deve-se redobrar o cuidado também quando da digitação dos nomes de seus clientes. No Brasil, geralmente, o sobrenome de família que identifica o hóspede é o último (por exemplo, "João Castro Carvalho" é registrado como "Carvalho, João"). Entretanto, em vários outros países, o segundo nome é o responsável por identificar o hóspede (no exemplo acima, seria, então, "Castro, João"). Outro problema comum ocorre com a identificação do nome e do sobrenome do hóspede estrangeiro, quando são obscuros para o profissional que cuida das reservas. Nesses casos, deve-se pedir auxílio à agência ou à empresa que fez a reserva.

Follow-up DE QUESTIONAMENTOS DEIXADOS PELA RECEPÇÃO

Em alguns sistemas informatizados, os questionamentos do departamento de Recepção para o de Reservas são deixados no próprio programa que o hotel utiliza. Um sistema muito conhecido, o Opera, dispõe de uma ferramenta chamada ***traces***, que consiste em campos nos quais se deixam mensagens para o departamento de Reservas.

Muitas dessas mensagens podem ser urgentes; logo, verificar se há ***traces*** a serem lidos é um procedimento que deve ser realizado assim que o departamento de Reservas inicia suas atividades.

Caso haja mensagens, a etapa seguinte é fazer o ***follow-up***, ou seja, dar prosseguimento ao assunto, esclarecendo e resolvendo o que é requerido nesses questionamentos. Se isso não for feito, podem ocorrer diversos problemas. Por exemplo, a recepção pode solicitar que o departamento de Reservas exija de uma agência a autorização do faturamento de uma diária a mais para um hóspede que, por qualquer motivo, precisou prorrogar sua estada no hotel. Se tal demanda deixar de ser cumprida, o hóspede, ao sair, terá de pagar por essa noite extra ou aguardará sua agência ser contatada para enviar um documento acatando o pedido.

> **PARA REFLETIR**
>
> - Foram apresentados somente alguns erros típicos de um departamento de Reservas. Quais outros você vivenciou ou ouviu falar a respeito?
>
> - Com base nas falhas relatadas, sugira providências que possam minimizar tais ocorrências.

SITUAÇÃO 5

CAUSAS E AÇÕES PREVENTIVAS PARA SITUAÇÕES DE OVERBOOKINGS EM HOTÉIS

O ***overbooking*** resulta, quase sempre, em uma situação desgastante perante o cliente, seja ele uma empresa, seja uma **agência de viagens**, seja um hóspede. Vejamos:

1. O maior prejudicado é o hóspede, que sai de sua cidade ou de seu país seguro de que se hospedará em determinado hotel e, ao chegar, recebe a informação

de que ficará em outro. Independentemente da possibilidade de o novo hotel ser até melhor do que o reservado, o cliente se sentirá ludibriado.
2. É também criado um conflito entre o hotel e a **agência de viagens** ou a empresa que efetuou a reserva. Tal situação prejudica o relacionamento comercial entre ambos. No caso da **agência de viagens**, ela também tem seu desgaste com o hóspede ou, eventualmente, com a operadora de viagens nacional ou internacional que solicitou a reserva. Se o cliente for de outro país, o operador internacional, por sua vez, tem seu desgaste com a agência local que vendeu o **pacote** de viagem, a qual, por conseguinte, desgasta-se com seu cliente direto. Em resumo, todos sofrem, em efeito cascata.
3. No hotel, pode haver constrangimento entre os funcionários do departamento de Recepção, o guia e o cliente (se este for informado sobre o repasse apenas na chegada ao estabelecimento).

Na situação 1 deste capítulo, vimos que medidas podem ser adotadas após a configuração de um quadro de *overbooking*. Agora conheceremos as precauções a serem tomadas a fim de evitar ou minimizar problemas dessa ordem.

1. Todos os processos de reserva gerados durante o dia devem ser lançados no sistema na mesma data, priorizando os grupos por esses terem maior número de apartamentos em um único processo.
2. Deve-se, constantemente, rever os processos de grandes grupos, checando determinados detalhes, como a quantidade de apartamentos solicitada, as datas de **check-in** e **check-out**, o prazo de cancelamento, entre outros pontos. Algumas vezes, erros ocorrem quando um funcionário faz o lançamento no sistema sem observar o número de quartos ou as datas de entrada e saída corretos, ou até mesmo alguma condição especial autorizada, como um *late check-out* (que poderá gerar problemas operacionais) ou um *upgrade* (que poderá causar *overbooking* de categoria).
3. É necessária muita atenção com as modificações encaminhadas durante o processo da reserva. Como citado no item anterior, muitas vezes, essas dizem respeito à quantidade de apartamentos, a datas de entrada e saída etc. É imprescindível que tais alterações sejam inseridas tão logo recebidas, priorizando sempre os grupos.
4. Nos períodos de **alta temporada** ou com histórico de taxas de ocupação elevadas, deve-se redobrar a atenção ao confirmar novas reservas. Em caso de grupos, convém evitar *deadlines*, ou seja, prazos para cancelamentos que sejam muito próximos do *check-in*. Caso contrário, vendas podem ser perdidas se o grupo for reduzido ou cancelado. Se o hotel arriscar e confirmar

novas reservas com base na suposição de que o grupo terá alterações ou será cancelado, poderá causar **overbooking**.

O controle efetivo da disponibilidade de quartos no sistema de reservas do hotel é fundamental, pois os demais colaboradores (departamentos de Vendas, de Eventos e outros) que nele se baseiam poderão realizar novas vendas com a segurança de que há vagas; por outro lado, se o controle for falho, novas situações de **overbooking** serão criadas.

> **PARA REFLETIR**
>
> - Que outros motivos podem levar à criação de **overbooking**?
>
> - Que procedimentos, além dos descritos, você realizaria para evitar **overbookings**?

SITUAÇÃO 6

FALTA DE TREINAMENTO DA EQUIPE DE RESERVAS FAZ HOTEL PERDER RECEITA

Embora ainda haja muitos empresários hoteleiros que não valorizam investimentos em treinamento de suas equipes, se eles pudessem mensurar quanta receita perdem em decorrência da não qualificação de seus profissionais para exercer com eficiência e eficácia suas atividades de vendas, com certeza seriam os primeiros a buscar tais treinamentos.

Essas carências, infelizmente, nem sempre são percebidas com facilidade. Sua detecção torna-se possível, principalmente, com o apoio de uma consultoria que execute um trabalho de acompanhamento de curto, médio e longo prazos, realizando também treinamentos sobre técnicas de vendas. Contudo, na maioria dos casos, os empresários preferem trocar os profissionais de suas equipes por outros ao considerarem que suas necessidades não são atendidas, quando seria, muito provavelmente, mais produtivo e econômico simplesmente os treinar.

Quando o hotel tem boa ocupação e consequentemente bom faturamento, fica ainda mais difícil detectar tais perdas de receita. É um caso correlato que retrataremos a seguir.

Um hotel de uma grande capital brasileira – bem localizado e classificado com quatro estrelas, com ocupação média anual em torno de 70%, além de boa média de rentabilidade diária – utiliza-se dos serviços de uma consultoria e só então observa quanta receita perde na locação dos seus apartamentos. Somente com o auxílio dos consultores se torna possível analisar o histórico de reservas não realizadas e estimar em reais o quanto elas representariam para o hotel se tivessem sido concretizadas.

No estudo da consultoria, são levantadas as causas dessas perdas, e o treinamento é voltado para suprir as carências técnicas dos funcionários do departamento de Reservas. Entre as falhas encontradas no atendimento, destacam-se:

- demora no atendimento telefônico;
- atendimento frio e sem cordialidade;
- falta de traquejo para lidar com a negativa do cliente, obter o motivo de sua recusa e contornar objeções;
- ausência de ofertas de alternativas para o cliente fechar a compra;
- dificuldade em fazer o **upselling** (venda de uma categoria de apartamento superior à solicitada, gerando maior receita para o hotel); e
- falta de controle do tempo/qualidade da ligação, tornando-a prolixa e difusa.

Outro fator negativo também detectado é a falta de **follow-up** dos processos de grupo de forma adequada. Não há definição clara das prioridades (por exemplo, grupos com grande número de apartamentos ou em períodos de elevada ocupação devem ter atenção mais direcionada e constante, normalmente).

Durante o período de avaliação da consultoria, observa-se que um grupo com 50 apartamentos – representando cerca de 30% da ocupação do hotel – é cancelado cinco dias antes da data de entrada. A responsabilidade nesse caso não é da **agência de viagens**. Cerca de três meses antes da suposta chegada do grupo, a agência apenas pediu uma **cotação** e, como a reserva não se concretizou, ignorou tal solicitação. O departamento de Reservas, por sua vez, durante todo esse tempo, não fez contato com a agência para saber como andava o processo. Tal falha gera um grande prejuízo, pois se sabe que é muito difícil vender 50 apartamentos em cinco dias, levando-se em conta, especialmente, que, destes, três eram dias úteis.

Nas reservas individuais, fica ainda mais difícil detectar problemas semelhantes aos mencionados, pois esses erros não chamam facilmente a atenção.

Imaginemos que, por dia, cinco vendas deixem de ser concretizadas por falta de preparo dos funcionários do departamento de Reservas e que cada venda perdida seja referente a duas diárias, totalizando dez diárias perdidas. Logo, teremos:

> 22 dias de trabalho (excluindo sábados e domingos) X 5 vendas perdidas X 2 diárias = 220 diárias/mês
>
> 220 diárias a um preço médio de R$ 200 = R$ 44 mil/mês
>
> Se pensarmos em um período de um ano:
>
> R$ 44 mil X 12 = R$ 528 mil/ano

Como é possível observar, esse exemplo considerou apenas cinco vendas perdidas por dia. Em alguns hotéis e em determinados períodos, esse número pode ser bem mais elevado. Por isso, é necessário um investimento muito maior no preparo dos profissionais do departamento de Reservas de um hotel.

> ### *Para refletir*
>
> - Com base na situação relatada, cite algumas sugestões para melhorar o setor de Reservas de um hotel.
>
> - Pesquise como é o atendimento dos departamentos de Reservas nos hotéis de sua cidade. Para facilitar, você pode, por exemplo, ligar apenas solicitando informações para uma possível reserva para um amigo que vem do exterior.

4

Cases de
GOVERNANÇA

SITUAÇÃO 1

Estelionatários utilizam novo método para clonagem de cartões de crédito e troca de dólares falsos

Dia após dia, os estelionatários inovam seus métodos. O caso a seguir ocorreu recentemente. O fato de a metodologia adotada diferir da convencional alerta para um problema ainda maior: a formação de quadrilhas no interior dos hotéis.

A recepção de um hotel classificado com quatro estrelas no Rio de Janeiro recebe diversas notas de dólares falsos de seus hóspedes estrangeiros. O detalhe curioso é que os hóspedes são de países diferentes, oriundos de **agências de viagens** também distintas e com períodos de estada diversos. Isso começa a alarmar a gerência do hotel. Para piorar a situação, chegam também reclamações de ex-hóspedes sobre a possível clonagem de seus cartões de crédito no interior do hotel.

Diante dessas evidências, a gerência resolve pedir auxílio à Polícia Federal. Tem início, então, uma investigação, que consiste no cruzamento dos dados dos hóspedes com os dólares falsos trocados na recepção e dos dados dos hóspedes que reclamaram da clonagem de seus cartões de crédito. São levantados o país e a cidade de origem de cada cliente, as **agências de viagens** que os trouxeram, os guias turísticos que os acompanharam, os nomes dos arrumadores e de todos os demais funcionários que, de um modo ou de outro, tiveram acesso aos quartos dos hóspedes em averiguação.

Com essas informações e de maneira sigilosa, a Polícia Federal começa a acompanhar os movimentos dos hóspedes e dos funcionários no interior do hotel. Após uma análise criteriosa de várias pistas (cenas gravadas pelas câmeras do hotel, horários de entrada e saída de funcionários dos quartos dos hóspedes etc.), constatam a possibilidade de alguns arrumadores de quarto ou mesmos alguns funcionários da recepção terem realizado a clonagem dos cartões; todavia, ainda é uma incógnita a entrada de dólares falsos fornecidos pelos hóspedes do hotel.

Fechando o cerco junto aos eventuais suspeitos, um arrumador é flagrado no momento em que abre o cofre de um hóspede. Para a surpresa dos policiais, ele também porta uma grande quantidade de dólares e a famosa "chupa-cabra", uma máquina discreta que copia dados de cartões de crédito.

O procedimento era simples. Com o cofre aberto, o arrumador trocava alguns dólares do hóspede por notas falsas. Aproveitava também a ocasião para clonar eventuais cartões de crédito que estivessem no cofre ou mesmo no interior do quarto. Cabe também acrescentar que a abertura do cofre era facilitada por uma falha de fabricação – localizada na porta do objeto, onde ficam os mecanismos eletrônicos que controlam sua abertura e seu fechamento – nas peças produzidas por uma das maiores empresas do segmento.

Por fim, a polícia consegue desbaratar toda a quadrilha, prendendo também o receptador e o fornecedor dos dólares falsos.

Como se pode verificar, esses profissionais do crime estão sempre buscando tirar proveito das falhas que cometemos. Entretanto, essa operação não seria possível se não houvesse um cúmplice interno para colocá-la em ação. Deve-se, então, ter muito cuidado no recrutamento e na seleção dos funcionários, principalmente para cargos que lidem com o público e tenham acesso a dependências de hóspedes.

> **PARA REFLETIR**
>
> - Quais são as ações que podem ser adotadas para que tais situações não ocorram mais?
>
> - Discuta com seus amigos alguns casos semelhantes que você conhece.

SITUAÇÃO 2

Hóspede filma arrumadeira revirando seus pertences em quarto de hotel

Este é um dos casos mais recentes incluídos neste livro. Muito já falamos sobre o avanço da tecnologia em vários segmentos operacionais. Os estelionatários, por exemplo, vivem criando novas ações com o uso de tecnologia de ponta. Os hóspedes, por sua vez, também começaram a adotar ações preventivas, utilizando-se de alta tecnologia.

Constate isso com base na situação relatada a seguir, ocorrida no Rio de Janeiro.

> O hóspede do apartamento 1.513, após o café da manhã, segue diretamente para sua empresa, localizada em um escritório no centro da cidade. Em seu apartamento, sobre a mesa de trabalho que fica no centro do quarto, próximo à parede que oferece uma visão panorâmica de todo o ambiente, deixa seu *laptop* ligado, com a tela mostrando somente o logotipo de sua empresa.
>
> Por volta das 10h, a arrumadeira daquele andar entra no quarto e inicia seu trabalho de limpeza e arrumação. Há, sobre a cama, uma calça *jeans* cuidadosamente dobrada. A arrumadeira, então, revira os bolsos da calça. Após os remexer, encontra algumas moedas e as coloca de volta, deixando a peça de roupa novamente sobre a cama. Em seguida, vai ao banheiro e passa em si o desodorante *roll-on* do hóspede.
>
> Ao anoitecer, sr. Smith retorna ao hotel e tem a surpresa de ver, em seu *laptop*, tudo o que ocorreu em sua ausência. Embora aparentemente estivesse em modo de economia, na realidade, a *webcam* do *laptop* gravava todo e qualquer movimento em seu quarto.
>
> Diante dos fatos, o hóspede solicita a presença da gerência e mostra as cenas da arrumadeira. Sem muito o que dizer, o gerente pede desculpas ao hóspede, afirmando que tomará as devidas providências em relação à funcionária. O hóspede, por sua vez, acrescenta que adota esse tipo de precaução – filmar o quarto de hotel enquanto está ausente – em razão de já ter passado por desagradáveis experiências tanto no Brasil como no exterior.

Como se pode ver, os hóspedes também estão adotando ações para se prevenir de roubos no interior dos quartos e, de certa forma, manter sua privacidade. Por outro lado, precisamos conscientizar mais nossos funcionários quanto à seriedade e à honestidade na realização de suas tarefas. Os pertences dos hóspedes não podem ser utilizados de modo algum e muito menos subtraídos.

Às vezes, por um comportamento como esse, em que de fato não houve roubo, um profissional pode ser demitido por justa causa. O hotel sai perdendo em relação à sua imagem no mercado, assim como o profissional, que tem sua carreira manchada por um ato possivelmente isolado, podendo prejudicar-lhe o futuro profissional.

> **PARA REFLETIR**
>
> - Esse tipo de atitude da arrumadeira seria um fato isolado ou trata-se de uma situação que pode ocorrer em qualquer hotel?
>
> - É correto um hóspede utilizar esse tipo de tecnologia visando minimizar situações de roubo e garantir sua privacidade?

SITUAÇÃO 3

FALHA DE FUNCIONÁRIO DA LAVANDERIA PROVOCA A QUEIMA DE 70 TOALHAS DURANTE PROCESSO DE SECAGEM

Hoje em dia, grande parte dos hotéis no Brasil prefere terceirizar a lavagem de suas roupas. Entretanto, há também hotéis que contam com suas lavanderias próprias, seja no interior dos estabelecimentos, seja em locais próximos às unidades hoteleiras. Tentar definir o que é mais vantajoso dificilmente levaria a discussão a um consenso. Ainda assim, um adendo logo adiante se encarregará de aprofundar-se mais sobre esse assunto, para que você possa ter sua própria opinião.

Normalmente, o hotel que dispõe internamente de uma lavanderia industrial funciona em três turnos. O da manhã, que é o mais movimentado, tende a lavar o que sobrou da madrugada e passar toda a roupa lavada nos turnos anteriores. Recolhe as roupas sujas dos andares, dos restaurantes e bares, e repõe todos esses setores com roupas limpas. A equipe da tarde responsabiliza-se por iniciar a lavagem das roupas recolhidas durante o dia, secar todas as roupas restantes que foram lavadas pelo turno da manhã e, eventualmente, fazer alguma reposição emergencial, principalmente, na área de **A&B**. O plantonista da madrugada executa exclusivamente a atividade de lavar as roupas que sobraram do dia anterior.

O caso aqui relatado ocorre no turno da tarde em um hotel cuja lavanderia fica em suas instalações.

> Um funcionário, após colocar 70 toalhas – tanto de banho como de rosto – na máquina para secar, ausenta-se para jantar, esquecendo-se de controlar o tempo que as roupas devem permanecer no interior da máquina. O resultado não é outro senão a queima de todas as toalhas em decorrência do tempo excessivo de permanência na máquina, além da reação aos produtos químicos da lavagem.

Casos assim são esporádicos, mas ocorrem não somente com roupas de cama, mesa e banho do próprio hotel como também com roupas de hóspedes encaminhadas à lavanderia. Embora muitas vezes os funcionários estejam preparados para atuar nesse setor, cometem falhas como a relatada, que acabam gerando grande prejuízo ao hotel e, quase sempre, custam seu próprio emprego.

O QUE É MELHOR: LAVANDERIA PRÓPRIA OU TERCEIRIZADA?

Esta é uma pergunta que muitos alunos, assim como profissionais de diversos setores de um hotel, costumam fazer – o que é mais vantajoso: ter uma lavanderia dentro do hotel ou simplesmente enviar as roupas para serem lavadas em lavanderias terceirizadas?

Na realidade, essa resposta dependerá de muitos fatores, que deverão ser analisados e constantemente reavaliados a fim de se definir a melhor opção. Vamos estudar algumas situações de lavanderia para que tenhamos uma base sobre a qual tomar uma posição.

TERCEIRIZAÇÃO DE LAVAGEM DE ROUPAS DE HOTEL: VANTAGENS E DESVANTAGENS

Ao terceirizar-se essa atividade:

- **O hotel deixa de preocupar-se com mão de obra de lavanderia**

Basta ter dois ou três funcionários para coordenar o envio e o recebimento das roupas que serão lavadas. É imprescindível ter uma rouparia, na qual as roupas sejam armazenadas e distribuídas pelo estabelecimento de acordo com a necessidade.

- **O hotel deixa de preocupar-se com maquinário de lavanderia**

Como o serviço é terceirizado, o hotel não precisa dispor de máquinas de lavar, não tendo preocupação com a manutenção desses equipamentos.

- **O hotel deixa de preocupar-se com compra de material de limpeza**

O motivo é o mesmo: como não há máquinas, não há necessidade de se ter um contrato com empresas fornecedoras de produtos de limpeza utilizados em lavanderias industriais.

- **Há a possibilidade de falhas no horário de entrega das roupas**

Se seu hotel não contar com um *par stock* de, no mínimo, três mudas de roupas (o ideal são quatro), poderá vir a ter problemas caso o caminhão da lavanderia se atrase. Não faltam motivos para um possível atraso – o caminhão ou outro transporte utilizado pode apresentar um defeito e interromper a viagem; o carro do transporte pode ser assaltado e levarem todas as roupas; pode haver um corte de energia na lavanderia e retardar a lavagem das roupas do hotel etc.

- **Há a possibilidade de danificar as roupas ou trocá-las por peças de outro hotel**

Uma lavanderia industrial normalmente trabalha para vários clientes. Costuma pôr, em suas máquinas, diversas roupas de diferentes hotéis, nem sempre devidamente marcadas. Supondo que a roupa de outro hotel esteja bastante suja, a quantidade de produtos químicos será aumentada para buscar uma limpeza total. Todavia, se as do seu hotel não se enquadram na mesma situação, isso somente diminuirá o tempo de vida útil das peças. É comum também receber lençóis que não sejam os seus, dada a falta de organização da lavanderia externa. Os danos causados às roupas, geralmente de hóspedes, são indenizados ao hotel. No entanto, há sempre um desgaste no relacionamento do hotel com o hóspede.

Lavanderia industrial própria em hotel: vantagens e desvantagens

Ao realizar-se essa atividade internamente no hotel:

- **Há um controle interno mais eficiente do que precisa ser lavado**

As roupas são lavadas separadamente de acordo com a sujeira que apresentam. Roupas de cozinha são lavadas à parte, enquanto lençóis e fronhas também precisam de um tratamento especial. Resultado: melhor qualidade na limpeza e maior durabilidade das roupas do hotel.

- **Se for preciso, é possível fazer lavagens de emergência**

Se houver necessidade, por exemplo, de lavar um grande número de guardanapos saídos do almoço do restaurante e que precisam voltar até o jantar, esse serviço poderá ser realizado, pois há máquinas e funcionários disponíveis.

- **Poucas roupas se perdem, uma vez que as peças não saem do hotel**

A vantagem em não ter de tirar as roupas de dentro do hotel para lavar é evitar que haja demora na entrega e também perdas causadas por problemas com transportes e roubos de carga.

- **Há a possibilidade de problemas com mão de obra**

O fato de ter sua própria lavanderia obriga a contratar mão de obra especializada e a treiná-la constantemente. Além disso, os funcionários ausentam-se por motivos de saúde, férias e feriados. Se sua equipe não for preparada adequadamente, poderá também lhe gerar prejuízos por mau uso das máquinas e dos produtos de limpeza. As máquinas de lavanderia costumam ter programas diferenciados por tipo de roupa. Se os programas forem utilizados de modo indevido, isso poderá causar sérios danos às roupas ou consumo excessivo de produtos de limpeza.

- **Há a possibilidade de problemas com fornecedores de produtos de limpeza**

Esses problemas podem começar quando já há uma divergência entre o responsável pela manutenção das máquinas de lavanderia (empresa terceirizada) e o fornecedor de produtos. Quando a qualidade de limpeza das roupas não está adequada, é comum um atribuir a responsabilidade ao outro, como será relatado em um caso mais adiante. Outro motivo pode ser a falta de manutenção dos dosadores de produtos, que deveria ser feita pelo fornecedor. No início, o fornecedor dedica toda a atenção a seu hotel e ainda concede descontos, bônus etc. Todavia, com o passar do tempo, pode não mais se preocupar em dar a devida atenção, se, por exemplo, o preço negociado com seu hotel não estiver acompanhando o aumento dos custos de lavanderia. Em pouco tempo, vem a surpresa com o aumento radical dos gastos.

Em resumo, para que se viabilize uma lavanderia dentro do próprio hotel, é preciso muita organização e acompanhamento, a fim de que isso não se torne um pesadelo no dia a dia. Entretanto, se a empresa que o hotel escolher para terceirizar sua lavagem de roupas não for extremamente profissional, a origem do pesadelo será outra, mas de igual teor.

> ## *Para refletir*
>
> - O que pode ser feito para evitar que as falhas do caso apresentado (o da queima das toalhas) sejam cometidas nas lavanderias?
>
> - Em sua opinião, vale mais terceirizar ou ter sua própria lavanderia industrial no interior do hotel?
>
> - Em relação às desvantagens descritas tanto para terceirizar como para ter sua própria lavanderia, que soluções podem ser criadas para minimizar tais obstáculos?

SITUAÇÃO 4

Arrumadeira clonava cartões de crédito em quartos de hóspedes

Apesar de ser mais um caso de clonagem de cartões, este é um dos mais intrigantes que já ocorreram na hotelaria do Rio de Janeiro. Muito já se falava da clonagem de cartões de crédito em estabelecimentos comerciais. Lojas em *shopping centers* eram os pontos considerados mais suspeitos. Entretanto, até então, nada havia sido noticiado sobre clonagem de cartões no interior de hotéis.

Em uma bela manhã de segunda-feira, um francês que se hospedou no hotel há cerca de 30 dias, entra em contato com a gerência informando que, ao receber a fatura de seu cartão de crédito, constatou inúmeros débitos referentes a várias lojas da cidade do Rio. Ele acrescenta que o único local em que apresentou o cartão foi no hotel, mas que não o utilizou para pagar a conta. O ex-hóspede esclarece que, ao realizar o **check-in**, o recepcionista solicitou seu cartão de crédito como garantia. Após pegar o cartão do hóspede, pediu uma **pré-autorização** e o devolveu. No **check-out**, o hóspede optou por pagar em espécie e não utilizou o cartão, cancelando, assim, a **pré-autorização**.

O gerente informa ao ex-hóspede que investigará o caso e solicita que o francês envie uma cópia da referida fatura por fax, o que é feito.

Na realidade, embora inicie uma investigação sobre o assunto, principalmente junto à recepção, o gerente do hotel não acredita que tal fato possa ter ocorrido em seu estabelecimento. Após alguns dias sem sucesso em seus levantamentos, o gerente entra em contato com o cliente informando que continuará a investigar, mas que, até aquele momento, nada foi detectado.

Mais alguns dias se passam e uma hóspede que, com frequência, traz um grupo de americanos, informa que uma de suas clientes reclamou que, em sua fatura de cartão de crédito, constam muitos débitos de lojas do Rio. Ela acrescenta que, em momento algum, sua cliente saiu do hotel com o cartão de crédito e que não o utilizou sequer para pagar sua conta, tendo sido mantido no quarto em toda a sua estada.

Agora já são dois casos. No primeiro, há a hipótese de clonagem na recepção. Já o segundo nem passou pela recepção. Logo, o ponto comum entre os dois casos limita-se ao quarto do hotel.

Com essa única pista, o gerente levanta em quais apartamentos ficaram os referidos clientes e suas respectivas datas de estada. Posteriormente, identifica também que arrumadeiras teriam trabalhado nesses quartos. Na análise das informações apuradas, constata que há apenas uma arrumadeira comum aos dois casos: a plantonista que trabalha no turno tarde/noite e, normalmente, fica sozinha na maior parte do tempo e com acesso a todos os apartamentos, por ter a **chave mestra**.

A plantonista é uma arrumadeira bem relacionada com todos, muito simpática, com alguns anos de casa e que sempre desenvolveu seu trabalho de maneira impecável. Todavia, neste momento, é a principal suspeita, embora a gerência não descarte a possibilidade de haver outra explicação para os casos relatados.

Para não tirar conclusões precipitadas, o gerente, aliado ao chefe da Segurança e à governanta executiva, montam um esquema de acompanhamento da referida funcionária, sem que ela note.

Como não há uma **copa de arrumadeira** exclusiva (pequena sala existente nos andares de apartamentos na qual as arrumadeiras armazenam materiais de trabalho, como colchas, lençóis, fronhas e produtos de reposição de **frigobar**), ela utiliza a própria sala da Governança para guardar seus pertences pessoais. Em uma oportunidade que a arrumadeira deixa sua bolsa aberta, a supervisora da Governança vê em seu interior a máquina leitora de cartões de crédito, a conhecida "chupa-cabra". Como descrito em situação anterior, trata-se de uma pequena máquina, um pouco menor que um maço de cigarros, que serve para ler os dados de cartões de crédito gravados em sua tarja preta. Além de ler os dados, a máquina armazena-os. Posteriormente, os ladrões inserem esses dados em outro cartão de crédito, a ser utilizado em diversas compras.

A arrumadeira é detida em flagrante, levada à delegacia para interrogatório pela polícia e confessa que vinha fazendo as clonagens em cartões de crédito que os hóspedes deixavam no quarto por estar sob ameaça de um traficante da comunidade onde mora.

De acordo com seu relato, ela já havia clonado cinco cartões de crédito de hóspedes diferentes. Todavia, os demais clientes nunca entraram em contato com o hotel reclamando da clonagem de seus cartões.

A funcionária é demitida por justa causa e responde a um processo na Justiça. A gerência do hotel, por sua vez, resolve não dar continuidade ao caso para que os comentários não venham a prejudicar a imagem do estabelecimento.

> ### *Para refletir*
>
> - O caso relatado pode ser evitado? Como?
>
> - O gerente do hotel agiu corretamente ao tentar "abafar" o caso, para evitar comentários negativos sobre o hotel no mercado?

SITUAÇÃO 5

Hóspede mancha roupa de cama do hotel e não aceita pagar pelo dano causado

Em quase todos os hotéis, há inúmeros relatos sobre danos causados a seus bens por hóspedes, principalmente nos quartos. O caso a seguir descreve uma situação simples, mas de difícil acordo entre o hotel e a empresa responsável pelo hóspede autor do prejuízo.

A um hotel na Grande São Paulo é solicitada uma reserva para um grupo de estudantes que permanecerá hospedado por quatro noites. Os hotéis, em geral, preocupam-se com a hospedagem de estudantes por causa de eventuais problemas internos, como barulho e bagunça, entre outros inconvenientes que costumam ocorrer, prejudicando o sossego dos demais hóspedes. Entretanto, o hotel em questão já tem um histórico de hospedagem de grupos de crianças e jovens sem nenhum registro de complicações.

No decorrer da estada do grupo, um dos alunos derrama cola sobre o cobre-leito da cama, manchando-o de imediato. Ao ser informada, a supervisora da escola faz questão de comunicar ao hotel o ocorrido. Nesse ínterim, a arrumadeira do andar, com a intenção de prestar socorro, passa um pano úmido sobre a cola para tentar retirá-la do tecido. E essa atitude se torna o xis da questão.

De modo geral, para retirar-se cola de tecidos, deve-se utilizar gelo ou solvente. Esse processo pode variar de acordo com o tipo de cola ou de tecido. Por desconhecer as técnicas para remoção de cola em certos tecidos, a arrumadeira esgota, na realidade, qualquer possibilidade de eliminar a mancha. O pano com água impregna ainda mais os fios do tecido com a cola, não havendo mais como a remover.

O cobre-leito manchado é novo, recém-adquirido. A gerência do hotel, inicialmente, pede que os responsáveis pelo grupo sejam informados de que o valor do prejuízo será considerado para pagamento no **check-out** dos estudantes. A partir desse momento, começam as discussões entre o hotel e a escola. O argumento do cliente é que, embora um aluno tenha derramado a cola acidentalmente sobre o cobre-leito, foi a arrumadeira quem, de fato, fez com que a mancha não mais saísse do tecido.

Após dois dias de negociações, e considerando que o hotel também não tem a intenção de perder o cliente por causa de uma quantia irrisória, fica acertado que a escola contratante pagará 70% do valor do bem e o hotel arcará com o restante do prejuízo.

> ### *Para refletir*
>
> - Você concorda com a decisão da gerência do hotel em assumir parte do prejuízo causado pelos estudantes? Por quê?
>
> - Situações como essa são comuns em hotéis. Você conhece um meio de minimizá-las? Poderia ser oferecido algum tipo de treinamento às arrumadeiras? Poderia o hotel utilizar tecidos de fácil lavagem, evitando, assim, a geração de manchas?

SITUAÇÃO 6

Lavanderia industrial de hotel tem 65% de suas roupas precisando de outra lavagem

Em toda roda de hoteleiros, sempre que surge este dilema, não se chega a um denominador comum – o que é mais viável economicamente: ter uma lavanderia própria dentro do hotel ou terceirizar o serviço? Essa discussão foi abordada aqui anteriormente e foram apresentados os prós e os contras de ambos os pontos de vista.

Para um hotel ter sua própria lavanderia, é exigido um grande investimento em maquinário, produtos e pessoal, enquanto a terceirização abdica dos dois primeiros e precisa de um grupo reduzido de pessoas para administrar a entrada e a saída das roupas do hotel.

Na terceirização, correm-se alguns riscos, entre os quais a não entrega, em tempo hábil, da roupa que saiu do hotel. Para não viver esse dilema, procura-se ter um ***par stock*** de quatro mudas. Já o hotel que tem sua própria lavanderia depende somente de si próprio. Na realidade, a grande diferença está, principalmente, na administração, seja de serviços próprios, seja de terceirizados. De nada adianta ter um ou outro processo se não houver um planejamento, seguido de acompanhamento constante, dos custos e da qualidade dos serviços executados.

O caso a seguir narra a história de um hotel de grande porte que conta com sua própria lavanderia industrial, mas que constata um alto índice de relavagem, pois 65% das roupas lavadas não passam no teste de qualidade após a operação inicial. Esse teste é realizado visualmente pelos funcionários da lavanderia antes de as roupas serem passadas. Toda e qualquer peça que apresente algum tipo de mancha é retirada do cesto e encaminhada para nova lavagem.

O gerente do hotel, que acompanha todos os processos, especialmente aqueles de custos elevados, considera o consumo de produtos de sua lavanderia exagerado. Reúne-se, então, com o chefe da lavanderia para tentar identificar a causa das relavagens, e este informa que há discussões entre a fornecedora de produtos químicos para a lavagem das roupas e a empresa fabricante das máquinas de lavar, a qual tem um contrato de manutenção com o hotel. Uma empresa culpa a outra pelo baixo rendimento dos serviços: o fabricante das máquinas alega problemas na qualidade dos produtos fornecidos para lavagem, ao passo que o fornecedor dos produtos de lavagem acusa a programação da máquina (feita somente pelo funcionário do fabricante) de não atender às necessidades para um bom desempenho.

Com o intuito de buscar uma solução, o gerente convoca os funcionários representantes das duas empresas, o chefe da lavanderia e o **controller** do hotel para uma reunião. Apesar das discussões, chega-se a uma conclusão de que deve ser inserido, nas máquinas, o programa exigido pelo fabricante dos produtos de lavagem.

Semanas depois, o resultado ainda é quase o mesmo: cerca de 60% de relavagem. Mais uma vez, o gerente do hotel pressiona a empresa fornecedora dos produtos a encontrar uma solução. Após três meses sem sucesso, o contrato de compra de produtos para a lavanderia é rescindido, e uma nova empresa é contratada.

A nova empresa, antes de testar seus produtos, procura primeiramente identificar as causas das manchas encontradas nas roupas.

Há, com frequência, manchas cinza-claro encontradas nos guardanapos. Após análise em laboratório, é constatada a origem das manchas: elas advêm da limalha de ferro dos talheres, que são enxutos no restaurante com os guardanapos. Um novo procedimento é implantado, e os garçons passam a utilizar panos específicos para a secagem dos talheres.

Um segundo problema são as manchas escuras encontradas, principalmente, nas fronhas dos travesseiros. Após a avaliação da saída das fronhas dos andares até sua chegada à lavanderia, a empresa constata que os sacos utilizados para o transporte das peças são arrastados pelos corredores até a porta dos elevadores, para depois serem novamente arrastados pelo corredor que leva à lavanderia. Como os sacos não são reforçados na parte inferior, as fronhas têm contato direto com o piso, que, por sua vez, contêm restos de borracha deixados pelos calçados dos funcionários que por ali circulam. Identificada a causa e realizada a correção, não mais se tem esse tipo de transtorno.

A empresa contratada inicia, então, um estudo sobre o uso dos melhores produtos nas máquinas de lavar. Cerca de dois meses depois, a relavagem cai para 8%, índice considerado muito bom para uma lavanderia.

O caso descrito é uma demonstração de profissionalismo de uma empresa que, antes de se preocupar em vender seus produtos, procurou identificar as causas que geravam um alto índice de retrabalho e de desperdício para seu cliente.

> **PARA REFLETIR**
>
> - Nesse relato, foram apresentadas as medidas adotadas pelo novo fornecedor de produtos para a lavanderia, que resultaram na diminuição direta da necessidade de novas lavagens. Haveria outras providências que poderiam melhorar o desempenho desse setor? Em caso afirmativo, descreva algumas.

SITUAÇÃO 7

Lavanderia perde camisa de hóspede em noite de Ano-Novo, e camisola de outra cliente some no meio da roupa de cama

Há erros comuns em lavanderias de hotéis decorrentes meramente de falta de atenção ou de capricho. Uma simples caligrafia ruim ou descuidada – por exemplo, um "5" que pareça um "3" – pode ser suficiente para que roupas sejam entregues em quartos errados.

Outra situação que merece destaque são as roupas de hóspedes que, muitas vezes, acabam misturando-se com a roupa de cama e são encaminhadas à lavanderia junto a outras de diversos quartos, dificultando a identificação de seus proprietários. É essencial que haja procedimentos específicos para minimizar essas falhas, assim como ações corretivas para quando elas ocorrerem.

O primeiro caso (a perda da camisa de um hóspede), relatado a seguir, tem dois equívocos identificados. O hotel pertence a uma rede, e suas roupas são lavadas em outro hotel do grupo cuja localização é próxima.

> Um hóspede envia, na manhã de 31 de dezembro, uma camisa para passar, a qual ele pretende usar à noite, na festa de Ano-Novo. Por volta das 18h, como ainda não recebeu a camisa, liga para a recepção, que, por sua vez, entra em contato com a lavanderia localizada no outro estabelecimento da rede. Começa, então, o problema.
>
> A equipe da lavanderia informa que não há nenhuma roupa pendente para entrega. A governanta responsável pelo setor é comunicada e inicia as buscas. Realizam-se, em vão, todos os levantamentos das listagens da lavanderia na tentativa de se localizar a roupa que teria sido enviada. Posteriormente, encontra-se um documento que comprova que a camisa foi passada e entregue, porém, a algum destinatário ignorado.
>
> Passa das 20h, e o hóspede está furioso com o fato de ainda não terem localizado sua camisa. Começam as buscas em todos os apartamentos que receberam roupas naquele dia, mas sem sucesso. São quase 22h, os fogos de artifício estouram no céu, e o hóspede "explode" em cima da gerência do hotel.
>
> Por fim, um dos funcionários que faz parte da equipe formada para aquela busca sugere que se procure a peça no outro hotel, no quarto de mesmo número, pois acredita que possam ter enviado a camisa ao quarto certo, mas do hotel errado. Bingo! Lá está a excruciante camisa, que, em seguida, é entregue a seu dono.
>
> Após o ocorrido, algumas providências são adotadas para evitar que o fato se repita. Uma das medidas consiste em mudar a cor dos **róis de lavanderia**. Assim, cada hotel passa a ter sua cor distinta.

A segunda ocorrência é o desaparecimento da camisola de uma hóspede. Dias depois, a peça é encontrada na lavanderia, mas a demora até esse momento expõe uma terrível fragilidade na operação dos serviços desse setor.

> Sempre há a possibilidade de alguma roupa leve ou algum pertence de pequenas dimensões seguir para a lavagem indevidamente, no meio da roupa de cama, que, em geral, é retirada diariamente.

Todavia, ao ser encontrado qualquer bem na lavanderia, o fato deve ser, de imediato, informado à Governança do hotel, que, por sua vez, comunica o incidente a todas as arrumadeiras. Quando não é identificado o proprietário daquele bem, resta ao hotel apenas aguardar a reclamação do hóspede.

No caso em questão, a reclamação do hóspede veio antes de o bem ser encontrado. Como agravante, após inúmeras buscas na lavanderia, é comunicado a ele que a camisola de sua esposa não foi encontrada. O cliente insiste que a peça estava sobre a cama e tem certeza de que, se a camisola não seguiu com a roupa suja, alguém a roubou.

Dois dias passam-se. O hóspede, ao sair do hotel, deixa uma carta para o gerente, na qual demonstra sua insatisfação com o fato e reafirma que a camisola estava sobre a cama quando o casal saiu para passear. Motivado pelas palavras do hóspede, o gerente exige uma nova busca na lavanderia e, desta vez, a camisola é encontrada junto a outras roupas de origem desconhecida. Eram camisas, meias e outras peças de roupa que não haviam sido entregues por falta de identificação e de reclamação dos proprietários.

> **PARA REFLETIR**
>
> - No primeiro caso, você considera a troca das cores nos **róis de lavanderia** uma medida suficiente para evitar tais ocorrências? Cite outras providências que possam ser adotadas.
>
> - O segundo caso apresenta falhas graves motivadas pela carência de atitudes adequadas. Quais procedimentos você implantaria para evitar, ou ao menos minimizar, tais ocorrências?

SITUAÇÃO 8

CONFIRA A PROGRAMAÇÃO DE LIMPEZA DE UM HOTEL DE MÉDIO PORTE NA CIDADE DO RIO DE JANEIRO

O setor de Faxina é, normalmente, subordinado ao departamento de Governança. Sua atividade principal é a limpeza das áreas sociais e de serviço. O organograma compõe-se, habitualmente, de um chefe de faxina e auxiliares de limpeza, que são distribuídos em três turnos distintos, sendo que, nos dois primeiros (manhã e tarde), as atividades são semelhantes, e no turno da noite/madrugada, as atividades são um pouco diferentes. As grandes lavagens, por exemplo, das calçadas de piso, são realizadas pelo funcionário noturno, uma vez que, em outros horários, isso se torna praticamente impossível, em razão da constante movimentação de pessoas. É também no horário noturno que o lixo é recolhido e despachado nos caminhões de limpeza públicos ou privados.

Enganam-se aqueles que pensam que qualquer funcionário pode atuar na faxina. Em vez disso, as pessoas que exercem essa função devem ser profissionais de limpeza. Limpar o saguão de um hotel, por exemplo, requer treinamento para que se realize a atividade sem importunar os clientes que eventualmente lá estejam.

Confira, a seguir, um exemplo de programação de limpeza exercida por um hotel de médio porte na cidade do Rio de Janeiro.

> Pela manhã, a equipe de Faxina inicia seu trabalho às 6h, limpando os escritórios, vestiários, banheiros de uso dos funcionários e varrendo a frente do hotel. Posteriormente, segue fazendo limpezas pontuais nas áreas sociais, que começam a receber movimento de hóspedes e clientes em geral. A equipe limpa os cinzeiros, varre e passa pano úmido em determinadas áreas, além de auxiliar na limpeza dos espaços do centro de convenções.
>
> Por volta das 10h, é necessário fazer uma revisão em tudo o que foi feito mais cedo. Os participantes dos eventos saem dos salões e utilizam os banheiros, que também deverão ser revistos.
>
> A partir das 10h30, com o término do serviço de café da manhã, a atividade é limpar o restaurante e prepará-lo para o horário do almoço. Depois dessa refeição, tanto o refeitório como o restaurante recebem sua limpeza de manutenção. Posteriormente, a limpeza volta-se para a manutenção das áreas sociais.
>
> Com a chegada dos funcionários do turno da tarde, por volta das 15 horas, em número mais reduzido que o da manhã, é dada continuidade aos serviços iniciados pela equipe anterior. O novo time revisa banheiros – incluindo as dependências administrativas – e áreas sociais, auxilia na preparação do restaurante para o jantar e também na limpeza da área de eventos. Tanto a equipe do turno da manhã como a do turno da tarde podem ser chamadas para serviços emergenciais, por exemplo, secar o piso da recepção, varrer o acúmulo de

folhas e papéis trazidos por um vento forte da entrada do hotel ou, ainda, repor material higiênico em algum banheiro que tenha sido muito utilizado.

O turno seguinte, que trabalha durante toda a madrugada, tem atividades distintas e facilitadas, de certa forma, pelo pouco fluxo de pessoas que circulam nesse horário. Todavia, o número de funcionários é reduzido, e a quantidade de tarefas costuma ser grande. Cabe a esse profissional se organizar para executar todas as suas atividades com zelo e qualidade em tempo hábil.

> **PARA REFLETIR**
>
> - A par dessas informações sobre a logística de limpeza de um hotel, como você vê agora o serviço executado pelo setor de Faxina?
>
> - Sugira outra maneira de administrar as atividades desse setor, de forma a aperfeiçoar mais o uso de seus recursos e gerar maior valor para os clientes do hotel.

5

Cases de
CONTROLADORIA

O departamento de Controladoria é operado por meio de rotinas diárias que visam administrar os recursos que entram e saem do hotel, assim como controlar os custos, otimizar as compras e administrar o patrimônio da empresa por auditorias e inventários. Muitos hotéis também incluem, nesse departamento, o setor de Contabilidade; em outros, esse serviço é terceirizado.

Analisamos aqui somente as atividades próprias do departamento de Controladoria, não considerando a área contábil. Assim, esse departamento é dividido nos setores a seguir.

- **Almoxarifado**
- **Caixa Geral** e demais caixas de setores
- **Compras**
- **Contas a Pagar (CAP)**
- **Contas a Receber (CAR)** ou **Faturamento**
- **Controle de Custos e Inventários**
- **Gerência de Controladoria**

Todos esses setores são subordinados a um gerente de Controladoria, conhecido como *controller*.

Usando como referência um hotel de porte médio, serão analisadas algumas atividades e, consequentemente, parte dos problemas que cada setor de Controladoria assume durante a execução de suas tarefas.

ALMOXARIFADO

É outra área fundamental para auxiliar na obtenção de resultados financeiros para o hotel. Geralmente, é o setor de **Almoxarifado** que demanda os pedidos de aquisição de produtos encaminhados ao setor de Compras. Se não for bem administrado, poderá acarretar falta de produtos – obrigando o hotel a realizar compras emergenciais, que costumam ser bem mais caras – ou excesso estoques, que sugam os recursos da empresa e podem prejudicar o fluxo de caixa.

CAIXA GERAL E DEMAIS CAIXAS DE SETORES

O **Caixa Geral** é o setor responsável por controlar toda a entrada de valores no dia a dia do hotel (cheques, cartões de crédito, dinheiro em espécie, entre outros). Controla ainda os extratos e saldos bancários. Um hotel geralmente tem outros **pontos de venda** também com caixas (recepção, eventos, bares e restaurantes), tudo coordenado pelo **Caixa Geral**, que providencia fundos de caixa, dinheiro trocado para facilitar operações nos setores de vendas e verifica o processo de recebimento do caixa de cada setor.

COMPRAS

Segmento fundamental para auxiliar o gestor do hotel na obtenção de melhores resultados financeiros. Um bom setor de **Compras** deve procurar adquirir produtos de excelente qualidade. De acordo com o porte do hotel, poderá ter apenas um ou até quatro funcionários. Esses, por sua vez, deverão estar capacitados para realizar compras com as melhores condições possíveis de preço, prazo de pagamento e qualidade.

Há dois tipos de problemas principais que podem ocorrer nesse setor: o comprador não estar preparado para executar essa atividade e acabar comprando produtos caros e de baixa qualidade, comprometendo, consequentemente, o resultado do hotel; e o profissional deixar-se corromper por algum fornecedor com acordos inescrupulosos de comissão pelas compras efetuadas.

CONTAS A PAGAR (CAP)

Setor responsável por controlar as obrigações financeiras que a empresa assumiu em decorrência de aquisição de produtos ou serviços. Normalmente, o **almoxarifado** envia as notas fiscais (NFs) geradas pela aquisição dos bens e cabe ao CAP coordenar seus pagamentos de acordo com os prazos e os valores definidos nas notas fiscais. Alguns dos problemas desse processo decorrem da demora no repasse das NFs por parte do **almoxarifado** ao CAP. Algumas vezes, o boleto bancário (via correio) chega ao CAP antes das NFs.

Outra atividade do CAP, muitas vezes executada de forma problemática, é o pagamento de comissões às agências que fornecem reservas de apartamentos ao hotel. Existem inúmeros problemas nesse processo. Em alguns casos, o departamento de Reservas não considera no processo uma comissão a ser paga. Logo, a agência cobra ao CAP, que precisa pesquisar para identificar se, de fato, existe tal obrigação. Há situações em que a agência solicita o pagamento de comissão de um hóspede que, na realidade, não chegou ao hotel ou não ficou todo o período reservado. Há ainda situações em que a comissão fica retida por falta do envio da NF pela agência.

CONTAS A RECEBER (CAR) OU FATURAMENTO

Setor responsável por administrar a entrada de recursos oriundos de faturas dos serviços prestados pelo hotel a seus hóspedes e clientes em geral. O CAR tem por obrigação o acompanhamento do pagamento das faturas enviadas às **agências de viagens** e às empresas que utilizaram os serviços de hospedagem, alimentação e outros oferecidos pelo hotel. Sua atividade inicia-se com a conferência dos processos de hospedagem e demais serviços enviados pela recepção quando do fechamento das contas dos clientes do hotel. Em seguida, após garantir que todo o processo está correto, lança a fatura, anexa os documentos que respaldam a cobrança, emite o boleto bancário a ser enviado ao cliente e encaminha a ordem de cobrança para o banco.

Os problemas desse setor ocorrem quando há valores indevidos lançados na conta do cliente, quando não há todas as notas comprobatórias dos lançamentos existentes ou quando faltam documentos por parte da empresa requisitante do serviço, mesmo após sua execução. Apenas com a correção de todas as pendências, a fatura poderá ser emitida e encaminhada para a cobrança.

CONTROLE DE CUSTOS E INVENTÁRIOS

Setor que executa o controle sobre todos os lançamentos realizados, diariamente, em um hotel, verificando se tais lançamentos estão corretos. Para isso, conta também com um **auditor noturno**, que é o profissional responsável por fechar o processo diário durante todas as noites, analisando débitos diversos, tais como: diárias, refeições, telefonemas, serviços de lavanderia, entre outros. No caso de qualquer irregularidade, essa deverá ser corrigida antes de se gerar o processo de fechamento do dia.

Os demais profissionais, pela manhã, efetuam controles mais minuciosos que os realizados pelo **auditor noturno**. Além disso, mensalmente, executam inventários de várias áreas do hotel. Há inventários de roupas de cama, mesa e banho, dos produtos armazenados no **almoxarifado**, além de máquinas e equipamentos.

Os problemas desse setor geralmente são um reflexo da má administração dos responsáveis pelo lançamento dos débitos. É comum, por exemplo, um garçom rasurar **comandas** ou mesmo as perder. Outra fonte de problemas são os inventários malfeitos, que geram diferenças muitas vezes absurdas, as quais acabam criando um grande transtorno a todos os envolvidos.

GERÊNCIA DE CONTROLADORIA

É o setor responsável por administrar todas as atividades do departamento de Controladoria, que, por meio de dados gerados por todos os seus setores, emite relatórios que são encaminhados à Gerência Geral do hotel para auxiliar na tomada de decisões. Também conhecido como gerente de controladoria, o **controller**, pode, por exemplo, alertar o gerente responsável a respeito do aumento excessivo do custo de alimentos e bebidas ou dos serviços públicos, assim como também o advertir sobre os constantes erros que o departamento de Reservas comete ao lançar as tarifas de diárias nos processos de reserva, os quais podem motivar descontos e demora na cobrança. Além disso, executa outras ações, como o fechamento mensal e a geração de relatórios diversos.

Há ainda inúmeras operações relacionadas ao departamento de Controladoria. Todavia, o objetivo aqui não é explorar todas as suas atividades.

> **PARA REFLETIR**
>
> - Pesquise, em dois ou três hotéis, o funcionamento dos setores de um departamento de Controladoria. Posteriormente, discuta as semelhanças e as diferenças na operação de cada hotel.
>
> - De acordo com a descrição obtida na pesquisa do item anterior, apresente as ações que o *controller* pode executar para auxiliar a Gerência Geral de um hotel a obter melhores resultados financeiros.

SITUAÇÃO 1

CLIENTE PLEITEIA CRÉDITO DE UM ANO ANTES

Apresentaremos uma situação comum em hotéis. Em determinado momento, um cliente (particular, de **agência de viagens** ou de empresa) efetua um pagamento maior ou adiantado de uma diária e, posteriormente, cancela a reserva, mas deseja manter o crédito para futura utilização.

Há muitas outras situações que podem gerar um crédito a favor do cliente a ser utilizado mais tarde. Geralmente, os hotéis mantêm esses créditos em uma conta em aberto. Ao serem utilizados, esses valores são abatidos da conta em questão. O caso a seguir está bem inserido nesse contexto.

> Um hotel do Rio de Janeiro, em dias próximos ao Carnaval, recebe uma solicitação de reserva de um órgão governamental de determinado estado do Brasil. O solicitante deseja seis quartos para alguns de seus colaboradores. Contudo, além da reserva em si, há um pedido

especial: que seja dito a esses hóspedes que a tarifa custa um valor muito inferior àquele cobrado na época do Carnaval. A diferença será, então, paga pelo solicitante da reserva. O que ele quer, na realidade, é fazer uma "média" com os futuros hóspedes, afirmando que conseguiu uma excelente tarifa em razão de seu conhecimento e bom relacionamento com os "donos" do empreendimento.

Exemplificando a situação: se a diária do quarto no período de Carnaval fosse de R$ 500, os hóspedes pagariam R$ 100, e o referido solicitante arcaria com a diferença (R$ 400), sem que seus amigos soubessem.

Passados alguns dias, há algumas alterações solicitadas pelo órgão governamental, e o pedido de reserva muda para somente três quartos. Como de praxe, é exigido o pagamento antecipado do **pacote**. O solicitante da reserva paga previamente pelos três apartamentos, abatendo do valor total a quantia a ser paga pelos hóspedes na saída do hotel. Até aqui, não há nenhum problema em operar tal situação. Está tudo bem claro. O restante do **pacote** será pago pelos hóspedes, pois a parte complementar foi pré-paga pelo solicitante da reserva.

No entanto, mais um quarto é cancelado um dia antes do início do **pacote**. O solicitante da reserva orienta que seja repassado o crédito para um dos hóspedes (definido por ele) que virá ao hotel. É exatamente nesse ponto que começam os erros. Confira, a seguir.

Erro 1

De acordo com a política comercial de grande parte dos hotéis do Brasil, esse valor pago não pode ser reembolsado nem mesmo repassado como crédito a outro quarto. O que o cliente pode fazer, nesses casos, é substituir o hóspede, uma vez que, na semana do Carnaval, é muito difícil revender um quarto.

Erro 2

Apesar de aceitar a condição de repassar o crédito para outro apartamento, o setor de Reservas não faz o devido registro no processo administrativo nem cancela o quarto. Consequentemente, a recepção abre a conta como *no show*, ou seja, lança débitos durante todo o período, esgotando, assim, o crédito existente.

Erro 3

O setor de Reservas não envia um documento ao cliente com o real valor a ser repassado ao outro quarto, definindo prazo de utilização e demais condições, caso reste algum crédito. E o certo seria que constasse o "de acordo" do cliente nesse documento.

Na saída do hóspede a quem se destina o crédito em questão (e que está ciente desse benefício), é apresentada uma conta com todas as diárias. Ele alega que suas diárias já foram pagas e que terá somente de pagar as despesas extras (consumo de itens do **frigobar**, ligações, serviços de lavanderia etc.). Nesse momento, começam a aparecer os problemas iniciados lá no processo de reserva.

Como o cliente está com razão, são transferidas as diárias para uma conta à parte e cobram-se somente as despesas extras. As diárias são estornadas, posteriormente, por causa da duplicidade de lançamentos – o crédito está vinculado ao apartamento que gerou, indevidamente, *no show* durante o período do Carnaval.

Um registro sucinto da situação serve de auxílio na montagem do quebra-cabeça, quando, cerca de um ano depois, o cliente que solicitou as reservas faz novo contato com o hotel, alegando que tem entre R$ 4 mil e 5 mil de crédito, provenientes do quarto cancelado no período do Carnaval anterior e que foram pagos antecipadamente. Um complicador é o fato de os funcionários do setor de Reservas da época não comporem mais o quadro funcional do hotel. Caso não houvesse o referido registro, ainda que superficial, sobre o ocorrido, ficaria muito difícil esclarecer toda a situação e ainda contestar o que o cliente solicitava de crédito.

Por fim, deduzindo-se, do pagamento antecipado, o valor utilizado para quitar as diárias de um dos hóspedes convidados pelo cliente, restam apenas R$ 1.100. Como o setor de Reservas não oficializou as condições de uso e o prazo de validade do crédito, o hotel tem de acatar e conceder esse crédito para o cliente.

Conclusão: se, desde o início, não forem registradas todas as ações e revisados todos os processos, um grande problema pode ser criado. Muitos erros que começam no setor de Reservas podem resultar em uma terrível dor de cabeça para o **controller** e a gerência do hotel.

> ### PARA REFLETIR
>
> - Você considera justo, nesse caso relatado, conceder o referido crédito ao cliente após um ano, mesmo ciente de que tal ação contraria a política comercial da empresa (na qual está definido que valores **pré-pagos** de **pacotes** não são reembolsáveis)?
>
> - Diante dos erros expostos, o que poderíamos fazer para evitá-los?

SITUAÇÃO 2

RECEBIMENTO DE FATURAS DE EMPRESAS ESTATAIS E PARTICULARES GERA PROBLEMAS

É comum ouvir, entre os promotores de venda de uma empresa hoteleira, comentários sobre as facilidades e as dificuldades de realizar-se uma venda nesta ou naquela empresa. Por outro lado, no setor de recebimento (**Contas a Receber – CAR**) do departamento de Controladoria de um hotel, os comentários são semelhantes, mas referem-se às dificuldades e às facilidades em conseguir receber aquilo que foi vendido. A seguir, são descritos alguns dos fatores que propiciam esses problemas.

Possíveis complicações nos processos de reserva para estatais

Algumas empresas estatais utilizam **agências de viagens** para solicitar suas reservas de hotéis, passagens, transportes etc., as quais enviam aos hotéis documentos próprios de suporte às reservas, como e-mails, faxes, cartas, *vouchers*, entre outros. Esses documentos informam quais despesas devem ser faturadas à empresa estatal contratante. Ocorre que, eventualmente, as faturas encaminhadas às estatais seguem para setores incorretos. Muitas vezes, no processo interno da estatal, as faturas passam por vários setores antes que possam chegar ao responsável por aquela reserva de apartamento ou de evento.

Os prazos de pagamento, na maioria dos casos, também sofrem variações superiores às promovidas pelo mercado em geral. Se o funcionário responsável estiver de férias ou ausente por outro motivo qualquer, a tendência é atrasar o pagamento. Além disso, pode haver demora no envio das faturas pelo hotel e, nesse ínterim, os responsáveis podem ser transferidos de setor e, novamente, as faturas ficam pendentes.

Vários hotéis já deixaram de receber os pagamentos a que faziam jus por terem pendências envolvendo estatais em constantes mudanças internas, como a falta de documentos ou a carência de informações nos comprovantes das reservas, que por vezes se perdem nas próprias empresas públicas.

Processos de reserva mal elaborados

Os departamentos de Reservas e de Eventos de um hotel devem seguir um padrão para responder às solicitações de reserva. A falta de procedimentos definidos e o acompanhamento incorreto de um processo de reserva podem acarretar sérios problemas mais adiante e, por conseguinte, prejuízos.

Muitas vezes, alterações nas condições iniciais de uma reserva são efetuadas pelo solicitante por telefone, única e exclusivamente, e nem sempre essas alterações são repassadas para o sistema informatizado. Como consequência, problemas podem surgir. Confira alguns casos a seguir.

Alteração na quantidade de apartamentos de um grupo

O responsável pela reserva pede, por telefone, que seja feita uma alteração na quantidade de apartamentos alocada. O grupo chega e, dias depois, sai do hotel. A fatura é enviada com o documento original, no qual não consta a alteração solicitada. O setor de pagamentos (**Contas a Pagar – CAP**) da empresa ou da **agência de viagens** solicitante não tem conhecimento da alteração feita por telefone; logo, devolve a fatura por não estar dentro do acordado no documento original.

Falta de documentos comprobatórios

O processo de reserva informa que as despesas de hospedagem, alimentação e lavanderia deverão ser faturadas a uma empresa. O hotel, por sua vez, envia para a empresa a fatura sem algumas notas de lavanderia, e, como consequência, a fatura retorna ao hotel.

Ausência de assinatura na nota de hospedagem ou lançamentos não autorizados

Algumas empresas deixam claro que suas **notas de hospedagem** deverão ser assinadas por seus funcionários; caso isso não ocorra, a fatura retornará para o hotel.

Se a empresa admite que determinados gastos sejam faturados, mas, por descuido do hotel, despesas não autorizadas são incluídas na nota fiscal, mais uma vez, o hotel receberá a fatura de volta para efetuar a correção.

Essas são algumas das origens dos problemas mais comuns no recebimento de faturas, que acabam impactando o fluxo de caixa do hotel. Muitas empresas, ao constatar uma falha na fatura do hotel, esperam até o penúltimo dia antes do vencimento, ligam para o hotel e informam que estão devolvendo a fatura em razão de esta estar incorreta. Assim, obtêm mais alguns dias para realizar o pagamento.

Um processo bem elaborado e bem comunicado ao cliente, seguindo os procedimentos descritos, dificilmente terá problemas na realização da cobrança. Todavia, é necessário tomar cuidado ao informar os clientes sobre esses processos. Muitas vezes, um texto mal redigido pode ser o motivo da demora de um pagamento – certas frases, mal construídas, podem ter mais de uma interpretação –, e o cliente, provavelmente, vai entender de acordo com sua conveniência. Por isso, uma das competências exigidas para ser um bom hoteleiro é o domínio do idioma.

> **PARA REFLETIR**
>
> - Desenvolva o passo a passo de um processo de reserva para que não haja problemas de documentação no momento do envio da fatura. Cite eventuais alterações que possam surgir nos dias subsequentes ao pedido da reserva.
>
> - Como podemos nos respaldar perante as empresas estatais para facilitar o recebimento das faturas de um hotel?

SITUAÇÃO 3

FUNCIONÁRIO DA RECEPÇÃO RECEBIA COMISSÃO DE AGÊNCIA DE VIAGENS PARA FORJAR VÍNCULOS COM HÓSPEDES SEM RESERVAS

Muitas vezes, somos surpreendidos por estratégias de funcionários que, a qualquer custo, tentam ganhar dinheiro de maneira ilícita. O caso a seguir ocorreu em um hotel de médio porte, localizado em uma grande cidade da Região Sul brasileira, que atende, principalmente, ao mercado corporativo.

Além dos executivos de empresas que normalmente se hospedam nesse hotel, há, diariamente, a entrada de outros clientes que chegam sem reserva, chamados **walk-ins**. É exatamente aí que um funcionário mal-intencionado encontra a oportunidade para realizar algo ilícito.

Certa manhã, um cliente que já se encontra hospedado no hotel, há uma semana, dirige-se à recepção e informa que deverá ficar mais dias que os reservados, incluindo o fim de semana, quando o hotel costuma ter sua ocupação bem reduzida. Além de comunicar o desejo de prorrogar sua estada, o hóspede pleiteia, junto à gerência de Recepção, um possível desconto em suas diárias.

Levando-se em conta que o cliente passará o fim de semana no hotel, o gerente procura analisar seu processo de reserva para verificar se é possível um eventual desconto. Ao constatar que sua reserva foi efetuada por uma **agência de viagens** e que essa deverá receber comissão sobre o preço acordado, o gerente retorna ao hóspede e informa-o de que, por esse motivo, não poderá conceder o pretendido desconto.

Para a surpresa do gerente, o hóspede informa que não veio por nenhuma agência e que chegou ao hotel sem reserva. O gerente verifica novamente o processo da reserva e nele consta um e-mail enviado por uma **agência de viagens** com o nome do hóspede, as datas de entrada e saída e a forma de pagamento. Quando o documento lhe é mostrado, o hóspede reitera suas afirmações e diz desconhecer a tal **agência de viagens**. O gerente compromete-se a reavaliar a situação e avisa que, em seguida, contatará o cliente.

Intrigado com a afirmação do hóspede de que havia chegado ao hotel sem reserva, embora tenha em mãos o documento de uma **agência de viagens**, o gerente resolve verificar novamente, de modo mais minucioso, o processo da reserva. Ao preocupar-se com os pequenos detalhes, constata que a data do e-mail que efetuou a reserva do cliente é posterior à sua chegada ao hotel. Embora isso possa ocorrer, não é muito comum, ainda mais considerando que o hóspede desconhece a agência.

Na impossibilidade de indagar o ocorrido ao recepcionista responsável pelo *check-in* – uma vez que ele entrou em férias no dia anterior – e determinado a encontrar uma explicação, o gerente resolve verificar outras reservas feitas por aquela agência. Para seu espanto, são muitas e, em praticamente todos os processos, a documentação de solicitação de reserva chegou após o *check-in* do hóspede ao hotel. Além disso, o mesmo recepcionista aparece, em quase todos os casos, como responsável pelo *check-in*. Nos casos em que a entrada do hóspede não foi realizada por ele, sua senha aparece no sistema alterando o *walk-in* para uma reserva da agência em questão.

Em outras palavras, fica claro, neste momento, que o recepcionista transformava a entrada de clientes *sem reserva* em clientes *com reserva*, oriundos daquela **agência de viagens**. Com isso, o hotel sempre efetuava pagamentos de comissões referentes a reservas, na verdade, inexistentes.

Mais tarde, descobre-se que o recepcionista é amigo do dono da agência e havia feito um acordo mediante o qual dividiriam o valor das comissões pagas pelo hotel indevidamente. O CAP efetuava os pagamentos de comissão, pois as reservas estavam apropriadamente documentadas. Contudo, ninguém havia reparado, até aquela circunstância, nos horários de chegada dos e-mails da agência, sempre posteriores à entrada dos hóspedes.

> ## *Para refletir*
>
> - No caso relatado, como a situação poderia ter sido evitada? Que tipo de controle poderia ser realizado pela gerência de Recepção ou mesmo pelo CAP?
>
> - Em sua opinião, o que leva um funcionário da recepção a agir dessa forma? Que tipo de sanção cabe a ele receber?

6

Cases de
RECURSOS HUMANOS

O investimento em capital humano em qualquer empresa é fator essencial para seu crescimento de forma equilibrada e planejada. Nos hotéis, isso não é diferente: uma equipe sólida e bem estruturada, com gestores e funcionários bem amparados do ponto de vista da legislação trabalhista e com seus direitos e deveres garantidos são aspectos que se refletem em relações de trabalho muito mais transparentes e respeitosas, propiciando um melhor rendimento de todos.

A diretoria dos hotéis deve priorizar o diálogo com seu corpo de funcionários, valorizar e investir em seu potencial – concedendo à sua equipe benefícios sobre resultados e também contribuindo com críticas construtivas e sugestões de melhoria de conduta – para, assim, receber de volta o melhor proveito de suas qualidades profissionais. Um hotel com um departamento de Recursos Humanos (RH) bem consolidado tende a apresentar rendimentos mais sólidos, além de crescimento e retorno dos investimentos voltados à sua equipe.

Tais recomendações, no entanto, não fazem parte da rotina de uma parcela da hotelaria brasileira, o que pode acarretar processos judiciais.

Vejamos a seguir algumas ponderações sobre ações trabalhistas, assistência social e benefícios.

POSSÍVEIS CAUSAS PARA AÇÕES TRABALHISTAS

São vários os motivos que podem levar um (ex-)funcionário a entrar com uma ação trabalhista contra um hotel. A maioria das situações é causada por imprudência ou má-fé de alguns gestores. Infelizmente, há também os funcionários supostamente "espertos", que procuram tirar alguma vantagem das "brechas" existentes na legislação.

Uma empresa constantemente envolvida em processos trabalhistas passa a correr o risco de perder as causas mesmo se estiver com a razão. Isso porque os advogados que defendem a ação trabalhista juntam, ao processo, informações sobre casos semelhantes em que a empresa perdeu a causa, ou seja, cria-se uma jurisprudência.

O melhor procedimento a ser seguido é estar rigorosamente dentro da lei. Descreveremos a seguir alguns motivos que comumente levam um (ex-)funcionário a acionar legalmente um hotel.

Horas Extras

Dada a natureza das tarefas executadas por hoteleiros, muitas vezes, funcionários como garçons, arrumadeiras, mensageiros, entre outros, precisam prolongar seu dia de trabalho em decorrência de um movimento inesperado. Grande parte dos hotéis não paga essas horas extras e propõe sua compensação em outros dias, liberando o funcionário mais cedo ou concedendo-lhe um dia de folga a mais. Todavia, se isso não ocorrer ou não for devidamente registrado e controlado, o problema pode tornar-se uma causa trabalhista no futuro.

Adicional Noturno

Outro argumento muito utilizado nas causas trabalhistas é o não cumprimento do adicional noturno. Como rege a legislação brasileira, o período das 22h até as 5h é considerado horário noturno, sobre o qual a lei determina o pagamento de uma quantia adicional. Alguns gestores não reconhecem essa exigência de pagamento de adicional noturno quando o funcionário fica apenas uma ou duas horas no referido período. Resultado: grande probabilidade de processos legais no futuro.

Vale-Transporte (VT)

O valor do VT passou a ser um critério de seleção na contratação de um funcionário. Quando há dois candidatos devidamente capacitados concorrendo a determinada vaga, alguns hotéis descartam o que requer maior valor de VT. Contudo, quando o candidato é de interesse do hotel, certas vezes, procura-se "negociar", oferecendo um valor reduzido de VT. Como o candidato normalmente precisa trabalhar com alguma urgência, acaba aceitando a condição. No futuro, porém, ele pode acionar o hotel, obrigando-o a pagar a diferença. Como prova, basta que a ficha de registro do funcionário esteja com o endereço correto.

Tempo de Trabalho sem Carteira Assinada

Alguns hotéis, quando contratam novos funcionários, em vez de assinar um contrato de experiência de três meses, preferem mantê-los nesse período – ou até mesmo por um prazo maior – de forma irregular, sem a carteira assinada. Quando o funcionário sai da empresa, ele reúne testemunhas e entra com uma ação trabalhista contra o hotel.

Divergência Salarial

Mais uma situação que ocorre em hotéis quando não há um planejamento específico de cargos e salários é esta: funcionários que desempenham tarefas não inerentes aos cargos registrados em sua carteira de trabalho. Por exemplo, um faxineiro que já foi promovido na prática (não na carteira) a copeiro e, mesmo após oito meses, continua com o mesmo salário. Tais irregularidades são sempre passíveis de ações trabalhistas.

Essas são apenas algumas das causas que levam um (ex-)funcionário a processar um hotel. Há também casos em que os funcionários, ao serem mal instruídos por seus advogados, amigos ou parentes, acabam entrando com ações que são facilmente vencidas pelo empregador.

> **PARA REFLETIR**
>
> - Com base em uma pesquisa nos hotéis de sua cidade, faça um levantamento de outros deflagradores de ações trabalhistas.
>
> - Considerando os motivos destacados nesse texto, que ações você adotaria para minimizar os problemas apresentados?

RAZÕES PARA OS HOTÉIS INVESTIREM EM ASSISTÊNCIA SOCIAL E BENEFÍCIOS PARA SUAS EQUIPES

A maioria das grandes empresas preocupa-se em conceder diversos benefícios a seus funcionários, entre os quais destacam-se: plano de assistência médica particular, vale-farmácia, cesta básica, assistência dentária, fundo de previdência privada, auxílio-creche, auxílio-escola, além dos obrigatórios, como vale-transporte.

As empresas concedem muitos desses benefícios não apenas pela força da lei, mas com o intuito de manter seus talentos dentro da organização.

Hoje em dia, a concorrência está globalizada. Não há mais fronteiras de uma cidade para outra ou entre os países. Além disso, é grande a escassez de profissionais talentosos em diversas profissões, o que leva a uma contínua busca pelos melhores profissionais dentro do mercado. É comum haver constantes trocas de profissionais entre as empresas. Entretanto, esse não é o único motivo para a concessão dos benefícios. Confira, a seguir, o porquê da concessão de alguns dos benefícios citados.

Plano de Assistência Médica Particular

Com a notória debilidade da saúde pública, torna-se imprescindível uma empresa conceder esse benefício a cada funcionário. O fato de ele e sua família dependerem da saúde pública pode acarretar sua ausência por vários dias ou, ainda que esteja presente, o funcionário não terá a concentração adequada para realizar suas tarefas se, por exemplo, seu filho estiver doente em uma fila de hospital público esperando atendimento.

Algumas empresas assumem cem por cento desses custos; outras descontam um pequeno percentual dos funcionários. De um meio ou de outro, a decisão de oferecer esse benefício é de suma importância para o sucesso da empresa. O plano de saúde é um dos benefícios mais requisitados pelos funcionários. Em Hotelaria, infelizmente, ainda há muitas empresas que não o consideram essencial.

Vale-Farmácia

Esse é um benefício que não implica sequer custos para a empresa, mas apenas o trabalho administrativo de controlar as compras e descontá-las em folha de pagamento. Trata-se de oferecer ao funcionário a opção de adquirir remédios em uma farmácia ou rede de farmácias com a qual o hotel tenha convênio e somente pagar por meio de desconto em folha de pagamento. Como os medicamentos apresentam valores muito elevados, essa é uma boa opção para auxiliar na agilidade dos tratamentos médicos dos funcionários.

Alguns desses convênios também oferecem ao hotel um percentual em remédios sobre o gasto total dos funcionários nas farmácias. Com isso, os hotéis podem também suprir suas caixas de primeiros socorros sem ônus.

Cesta Básica

Muitas empresas concedem esse benefício. Em alguns hotéis, consiste na oferta da própria cesta de produtos e, em outros, na concessão de vale-alimentação em determinado valor creditado mensalmente, que o funcionário pode utilizar em diversos supermercados e estabelecimentos existentes na cidade. É considerado um complemento de salário, que o funcionário pode gastar apenas com alimentação.

Assistência Dentária

Assim como o plano de saúde, a assistência dentária particular é bem aceita pelos funcionários. Os preços cobrados por dentistas costumam ser bem elevados. Com o benefício, esse valor para o funcionário, muitas vezes, passa a ser simbólico.

Fundo de Previdência Privada

Esse benefício surgiu há poucos anos por causa, principalmente, da divergência entre o salário que o contribuinte recebe enquanto ativo e o que passa a receber após se aposentar. Tal benefício visa complementar a aposentadoria que é paga pelo governo. Para cargos de gerência, esse benefício é apresentado na contratação como meio de persuadir o candidato. Mensalmente, a empresa deposita o valor acordado na conta de um fundo de previdência em nome do funcionário.

Auxílio-Creche e Auxílio-Escola

Muitas empresas pagam a seus funcionários, de maneira parcial, a creche ou mesmo a escola de seus filhos. Por vezes, as creches podem estar dentro do próprio local de trabalho, como ocorre em algumas fábricas. É um modo de incentivar o crescimento profissional dos colaboradores e de seus filhos em idade escolar.

Todos os benefícios visam propiciar bem-estar ao funcionário, tornando-o um prestador de serviços motivado e dando-lhe condições adequadas para realizar suas tarefas com sucesso. Com tais benefícios, a tendência natural é que o colaborador dê o máximo de si pela empresa e, mesmo ao receber propostas de concorrentes, deseje manter-se em seu atual local de trabalho.

> **PARA REFLETIR**
>
> - Dos benefícios citados, cite dois que você julgue mais importantes para um funcionário. Justifique sua resposta.
>
> - Cite outros benefícios que podem ser concedidos pelas empresas hoteleiras.

SITUAÇÃO 1

Após contratação, descobre-se envolvimento de funcionária em três processos criminais, inclusive por homicídio

Ao realizar o processo de contratação de novos funcionários, é comum o departamento de RH dos hotéis levantar o máximo de informações sobre o candidato por meio de contato com seus superiores do emprego anterior, da análise das próprias referências fornecidas e também por consultorias contratadas que buscam informações, até certo ponto sigilosas, sobre a vida do candidato. Com base em pesquisas, verifica-se se o candidato tem antecedentes criminais, se seu nome consta no Serviço de Proteção ao Crédito (SPC), na Serasa e se tem títulos protestados ou cheques sem fundos na praça.

De posse das informações levantadas e após a análise do desempenho do candidato em dinâmicas de grupo e/ou entrevistas, decide-se por sua contratação ou não. Contudo, em algumas ocasiões, os dados dessas consultorias podem estar equivocados ou sem valor em razão do tempo transcorrido desde a ocorrência eventualmente mencionada no relatório.

O relato a seguir é exatamente sobre uma situação que se baseia na descrição citada.

Em certa cidade do estado de São Paulo, um hotel precisa ser inaugurado no mês seguinte, e a maioria dos funcionários ainda não foi contratada. Começa, então, a correria na escolha dos candidatos sem muita preocupação em seguir os trâmites normais de recrutamento e seleção e, por conseguinte, admite-se, sem a prévia verificação da vida pregressa dos candidatos.

Após quatro meses de funcionamento, uma consultoria contratada pelo hotel entrega à administração de pessoal seu primeiro relatório, que contém uma relação de funcionários cujos nomes estão no SPC em razão de emissão de cheques sem fundos e de inadimplência em diversas lojas.

A responsável pelo departamento de RH reúne todos os gerentes de departamentos e entrega-lhes a relação de seus subordinados que não passaram pela malha fina da consultoria. A intenção é que eles convoquem seus funcionários para que encontrem juntos um meio de administrar a situação, a começar orientando seus subordinados a buscar, em um prazo de 60 dias, o início de uma solução de seus problemas junto ao SPC.

O hotel não pretende demitir alguns de seus funcionários simplesmente por estarem comprometidos no mercado de crédito. Entretanto, imagina-se que uma pessoa com dificuldades de comprar a crédito e sem condições de financiamentos terá problemas em sua vida pessoal, o que poderá prejudicar seu desempenho na empresa. Por isso, o hotel exige que o funcionário apresente ao RH, em 60 dias, um documento que comprove que ele procurou seus credores e acordou alguma solução.

Mais tarde, a responsável pelo departamento de RH reúne-se com a Gerência Geral para transmitir mais informações, desta vez, a respeito do quadro gerencial, que não ficou imune à malha fina. Em um primeiro momento, o gerente recebe de maneira tranquila o fato de dois de seus gerentes terem problemas com o SPC por terem emitido cheques sem fundos em um passado longínquo. Contudo, a responsável pelo departamento de RH, meio sem jeito, apresenta um último relatório individual, o qual inclui o nome do próprio gerente geral no SPC, por ter uma dívida com uma financeira. Surpreso com a informação, o gerente garante que não tem o débito e que nunca pediu empréstimos àquela nem a outra financeira.

No dia seguinte, pela manhã, o gerente geral vai ao SPC em busca de mais detalhes sobre a situação e constata que seu nome não se encontra na lista. No entanto, é sugerido que ele se dirija ao escritório da referida financeira, localizado naquelas proximidades. Prontamente, o gerente acata a ideia e, lá chegando, explica a situação a um funcionário, que, por sua vez, procura o nome do gerente geral no sistema para verificar se há, em todo o Brasil, alguém de mesmo nome que esteja em débito com a financeira, vislumbrando a possibilidade de haver um homônimo.

Após quase uma hora de pesquisa, nada é encontrado, ou seja, não há débitos pendentes em nome do gerente geral. Feliz e, ao mesmo tempo, frustrado, ele retorna ao hotel e comunica ao RH todo o ocorrido, solicitando que a consultoria revise sua análise. No fim da tarde seguinte, a responsável pelo RH informa que a consultoria cometeu um engano: inseriu no relatório do gerente geral os dados sobre débitos da funcionária da linha anterior. Com muitos motivos para estar furioso, ele exige desculpas por escrito da consultoria.

Dias depois, novos relatórios são entregues pela empresa terceirizada. Um, em especial, chama a atenção da responsável pelo RH, pois informa que uma funcionária tem registros na polícia, os quais fazem menção a três artigos do Código Penal, envolvendo agressão física, porte ilegal de arma de fogo e homicídio culposo (sem intenção de cometer o crime).

Alarmada, ela leva rapidamente o caso ao gerente geral, que, ao receber o relatório, lê as informações com ar de desconfiança, pois ele próprio foi vítima de um equívoco da consultoria. Para complicar, os relatos sobre essa funcionária, com mais de 50 anos de idade, são de 25 anos atrás. Diante disso, o gerente orienta o departamento de RH a solicitar à consultoria que refaça o levantamento para confirmar os dados apresentados.

Duas semanas depois, o RH informa ao gerente geral que tudo o que constava no relatório foi comprovado. O gerente resolve, então, falar com a funcionária. Para não a ofender, procura usar palavras cautelosas ao citar cada fato, pois ainda não consegue associar as ocorrências citadas àquela senhora. Durante o diálogo, a cada evento citado pelo gerente, a funcionária demonstra-se surpresa e nega qualquer envolvimento naquelas situações.

Terminada a conversa, o gerente chama a responsável pelo RH e solicita que a consultoria verifique, mais uma vez, os fatos constantes no relatório. Menciona ainda que talvez esse seja um caso de homonímia. Mais duas semanas se passam e, novamente, os fatos apontam a funcionária do hotel como autora dos supostos delitos.

O gerente resolve chamar novamente a funcionária para conversar sobre os relatos. Desta vez, para sua surpresa, mesmo antes de qualquer questionamento, a funcionária inicia a conversa contando que conversou a respeito do caso com seu pai – um militar reformado de alta patente – e que ele a "lembrou" de alguns episódios de sua juventude.

O registro de agressão física ocorreu em uma boate onde a funcionária do hotel agrediu uma colega por causa de um namorado. O segundo, de porte ilegal de arma, foi explicado por um flagrante na Via Dutra, quando seguia dentro de um Puma, acompanhada de colegas, em direção à sua faculdade, em Volta Redonda. A funcionária defende-se dizendo que o pai emprestara a arma, pois aquela rodovia, na ocasião, era muito deserta e perigosa para três mulheres sozinhas. O terceiro delito, homicídio culposo, tratava-se de um atropelamento no Rio de Janeiro, que vitimou um pipoqueiro.

Após a conversa, o gerente geral autoriza seu retorno ao trabalho.

É fundamental destacar que, apesar de ainda ser uma prática frequente por algumas empresas, de acordo com a legislação trabalhista, não se pode deixar de contratar pessoas por seus nomes constarem no SPC ou mesmo por terem passagem pelos bancos da Justiça.

> **PARA REFLETIR**
>
> - Em sua opinião, é correta a atitude adotada por algumas empresas de levantar fatos da vida pessoal dos candidatos e, de posse desses dados, discriminá-los em uma contratação?
>
> - No caso relatado, você considera justo demitir o funcionário, primeiro por seus antecedentes criminais e, depois, por ter mentido na primeira oportunidade em que falou com o gerente geral?

> - Você acredita que, em vez de levantar a vida pessoal dos candidatos, seria mais interessante a empresa investir em dinâmicas de seleção mais profissionais, que levem em conta o perfil psicológico de cada um?

SITUAÇÃO 2

Ex-funcionária entra com ação trabalhista exigindo direito de imagem por ter participado de material promocional de hotel

A seguir, um caso pouco comum, mas que pode ocorrer quando a empresa menos espera. Ao produzirem materiais promocionais – um folheto, uma fotografia para um jantar temático, um pequeno filme para um DVD promocional, uma divulgação do restaurante etc. –, os hotéis nem sempre procuram atores profissionais e utilizam em seu lugar, alguns de seus funcionários.

O procedimento correto é seguir o que a lei determina, preservando o direito de imagem do funcionário, que, nesse caso, desempenha a função de ator/atriz. Mesmo que haja apenas um pagamento simbólico pela presença do funcionário no material publicitário, tudo deverá ser devidamente documentado, esclarecendo exatamente o que foi realizado (foto, filmagem, depoimento etc.), os locais em que a propaganda será veiculada ou distribuída, a quem se destina e o tempo de utilização. Dessa forma, possíveis problemas futuros de ações judiciais são evitados.

O relato a seguir é exatamente sobre um caso assim.

Após dois anos de trabalho em um hotel de uma grande cidade brasileira, uma funcionária tem seu contrato de trabalho rescindido sem justa causa. Durante seu tempo na empresa, ela exercia a função de arrumadeira e, nos dias em que o restaurante servia feijoada como prato típico nacional, também atuava como recepcionista e vestia-se como uma baiana típica. A funcionária cumpria rigorosamente seu horário de trabalho e ainda recebia pagamento extra por sua participação nos dias da feijoada.

Certa vez, foi confeccionado um folheto do restaurante, que seria utilizado como **mala direta**, no qual havia a imagem dos pratos de feijoada e uma foto da referida funcionária vestida como baiana. O hotel seguiu os padrões básicos de pagamento simbólico à funcionária e documentou devidamente a ação. No documento, a funcionária autorizava o uso de sua imagem no folheto e em anúncios (sempre com a mesma foto) no jornal, visando à divulgação da feijoada.

Três anos após deixar o hotel, a funcionária ingressa na justiça trabalhista para obter uma indenização de cerca de cem salários mínimos por uso indevido de sua imagem por parte do hotel. Alega que, ao sair da empresa, presume que o contrato de imagem também esteja encerrado. O hotel, por sua vez, tem o documento que registra o pagamento à funcionária e a autorização de uso de sua imagem por tempo indeterminado. O juiz, então, julga o caso improcedente, dando ganho de causa ao hotel.

Como se vê, faz-se necessário tomar medidas preventivas quando se utiliza a imagem de funcionários. Se porventura, no caso descrito, o hotel não tivesse se preocupado em elaborar um documento em que constava não somente o pagamento pelo serviço mas também a autorização concedida pela então funcionária em relação ao uso de sua imagem por tempo indeterminado, fatalmente a empresa seria obrigada a pagar uma indenização.

PARA REFLETIR

- Que premissas devem ser adotadas para que situações como as do relato apresentado sejam evitadas?

- Em sua opinião, a funcionária teria direito a uma indenização, pressupondo que o hotel continuasse a utilizar sua imagem por tempo indeterminado?

SITUAÇÃO 3

RELACIONAMENTOS AMOROSOS ENTRE FUNCIONÁRIOS DE HOTEL PODEM PREJUDICAR O AMBIENTE DE TRABALHO

É bastante comum surgirem relacionamentos pessoais entre os funcionários de um hotel. A convivência entre eles pode chegar a mais de 60% de suas "horas úteis" – considerando-se dez horas de trabalho por dia e oito horas de sono. Amizades surgem no decorrer do tempo, o que é positivo para o desempenho da empresa: a interação entre os funcionários torna-se maior. Entretanto, muitos desses relacionamentos passam da amizade e rumam para uma situação mais íntima, o que pode gerar conflitos e prejudicar a operação do dia a dia.

Algumas empresas chegam a demitir funcionários quando descobrem que há um relacionamento mais íntimo entre eles. Outras não aceitam sequer contratar se souberem de qualquer laço ou tipo de relacionamento do candidato com alguém de seu quadro funcional.

A imprensa já divulgou vários casos envolvendo essa questão. Existem alguns problemáticos, mas também outros de sucesso, em que os funcionários envolvidos souberam superar a desconfiança e separar o profissional do pessoal. No entanto, estes últimos são mais raros. Geralmente, o que ocorre é um relacionamento íntimo que, após algum tempo, acaba de modo marcante. Especialmente após o rompimento, manter as duas pessoas no mesmo local de trabalho de maneira produtiva torna-se uma tarefa árdua.

O *case* a seguir é sobre o relacionamento de um excelente gerente departamental com sua competente subordinada e as consequências desse namoro.

> Em um grande hotel de São Paulo, pertencente a uma cadeia internacional, trabalha um ótimo gerente de Recepção, que, por sua vez, **comanda** uma equipe invejada pela excelência dos serviços que presta a seus hóspedes.
>
> Nessa equipe, destaca-se uma recepcionista, especialmente por ser muito bonita e simpática, de fácil inter-relacionamento pessoal e de nível cultural elevado. Todos os hóspedes gostam de conversar com ela. Como mérito de seu desempenho, com o passar do tempo, ela é cotada a ser promovida a gerente de Recepção de outra unidade.
>
> Com as constantes saídas de alguns membros da equipe de Recepção às sextas-feiras após o expediente, acaba surgindo um relacionamento mais íntimo entre o gerente do setor e aquela recepcionista. No início, trata-se de um relacionamento velado, mas, rapidamente, mais pessoas tomam conhecimento e, logo, todo o hotel passa a saber do caso. Até então, não se nota nenhum problema em relação ao desempenho desses dois profissionais.
>
> Mais experiente, o gerente geral do hotel conversa com o gerente de Recepção, para mostrar que aquela situação pode vir a prejudicá-lo com o passar do tempo. Para auxiliá-lo, procura agilizar a promoção da funcionária, para que ela vá para outra unidade.
>
> Algumas semanas se passam, e o relacionamento dos dois já não é o mesmo. O rapaz tem ciúmes ao ver alguns hóspedes conversarem animadamente com sua namorada ao balcão. Ela, por sua vez, não

aprova o ciúme do gerente e repreende-o diante dos colegas. O clima começa a ficar ruim na equipe.

Tensa, a funcionária passa a cometer erros, que são imediatamente minimizados pelo chefe. Além disso, ao montar as escalas de folga, ele favorece sua namorada, de modo que possam permanecer mais tempo juntos, e isso prejudica os demais funcionários, que se sentem descontentes. O clima piora definitivamente quando, por razão ignorada, a funcionária resolve romper o relacionamento e torna-se, por conseguinte, vítima nas mãos de seu ex-namorado.

O fim dessa história é muito simples. O gerente geral demite inicialmente a recepcionista, que já vinha apresentando baixa produtividade e problemas de relacionamento com a equipe e, um tempo depois, também se vê obrigado a demitir o gerente de Recepção, pois ele havia perdido o controle sobre sua equipe, que não mais o respeitava.

Essa é apenas uma das muitas histórias que ocorrem no interior dos hotéis e em diversas outras empresas. É comum haver muitas críticas, especialmente, a funcionários de cargos superiores que se envolvem em relacionamentos íntimos com subordinados. Muitas vezes, o desfecho que se vê é igual ou parecido ao do caso relatado.

PARA REFLETIR

- Qual sua opinião sobre o surgimento de relacionamentos mais íntimos entre os funcionários de um hotel? É possível conviver com isso sem atrapalhar o ambiente de trabalho?

- No caso relatado, o gerente geral optou por demitir primeiro a recepcionista, em vez do gerente de Recepção. Teria ele agido de forma preconceituosa de algum modo ou sua decisão pode ter sido realmente baseada no fato de ela ter apresentado queda na produtividade?

SITUAÇÃO 4

Hotéis premiam funcionários por boas ideias sobre redução de custos

Aqui, vamos trazer uma das melhores práticas utilizadas por gestores do mercado hoteleiro e aplicadas também por administradores em outras áreas. O incentivo oferecido aos funcionários para que desenvolvam boas ideias – voltadas para a redução de custos, para a melhora da qualidade dos serviços, para o aperfeiçoamento dos processos operacionais e administrativos ou para a geração de receitas – sempre acarreta o crescimento da empresa e de seus profissionais.

O modo de premiar as boas sugestões varia de hotel para hotel. Alguns as reconhecem financeiramente; outros, por meio de promoções em médio prazo ou de brindes e certificados entregues pessoalmente por gerentes e diretores em solenidades exclusivas.

Confira, a seguir, exemplos desse tipo de reconhecimento.

> Um hotel do Rio de Janeiro solicita a seus funcionários ideias sobre como reduzir os gastos com energia e água. Uma sugestão apresentada é aprovada e posta em prática, levando, posteriormente, a uma economia considerável. Como prêmio, o hotel paga, durante seis meses, a conta de energia da residência do funcionário autor da ideia.

Outro hotel em São Paulo, que também pratica o programa de incentivo a boas ideias, premia seus funcionários mensalmente com um almoço no restaurante principal do hotel, acompanhado de seus familiares. Além disso, dependendo do resultado da ação sugerida, o funcionário pode também receber prêmios em dinheiro.

Outros hotéis contam com diversas formas de reconhecer o empenho de seus funcionários, concedendo-lhes viagens com hospedagem em uma de suas unidades espalhadas pelo país e no exterior, premiações com eletrodomésticos, além de oportunidades de estágios de três a seis meses em outro hotel da rede e no departamento que o funcionário desejar. Caso o hotel escolhido seja fora do estado ou mesmo do país, a hospedagem e as passagens são fornecidas gratuitamente.

Entretanto, infelizmente, muitos gestores não atentam para o verdadeiro "poço de ideias" de seus funcionários. Além disso, há aqueles que também procuram criar um clima hostil, para que seus funcionários se sintam amedrontados e não cheguem a sugerir ideia alguma por receio de serem mal interpretados. Com isso, o hotel deixa de promover avanços importantes; afinal, são os funcionários que estão no dia a dia do hotel, vivenciando cada situação e acompanhando de perto seus hóspedes e clientes em geral, ouvindo suas necessidades, críticas e sugestões.

> **PARA REFLETIR**
>
> - Em sua opinião, os funcionários que ocupam cargos de nível hierárquico inferior podem apresentar boas ideias?
>
> - Como seria o programa de incentivos de boas ideias que você criaria em seu hotel?

SITUAÇÃO 5

UM CASO DE SUCESSO EM CONTRATAÇÃO

As políticas de contratação de funcionários podem variar de hotel para hotel e de cidade para cidade. No entanto, há procedimentos que são básicos em qualquer estabelecimento, como a exigência de um bom nível escolar. As empresas estão tornando-se cada vez mais exigentes. Hoje, nas grandes capitais, se o candidato não apresentar ao menos o ensino fundamental completo, é possível que venha a ser descartado em uma seleção, mesmo que seja para cargos de nível hierárquico inferior (por exemplo, auxiliar de serviços gerais).

Outro procedimento básico é levantar informações e referências sobre o candidato em empregos anteriores e procurar saber a razão de sua saída e seu desempenho como funcionário nessa ou naquela empresa. Como vimos, algumas empresas vão mais longe e contratam consultorias para conferir se seus candidatos têm o nome constando no registro do SPC ou mesmo se estão envolvidos em algum processo penal. Quando a pesquisa encontra algo que desabone a conduta do candidato – como cheques sem fundos na praça ou títulos protestados de alguma empresa atuante em comércio e serviços –, na maioria dos casos, o candidato é preterido.

Por outro lado, há gestores que procuram dar uma oportunidade ao candidato nessas condições, pois compreendem que o fato de alguém estar com seu nome na lista do SPC pode ser consequência de um momento difícil, de desemprego e falta de chances para honrar seus compromissos.

O relato a seguir descreve a história de um gestor que apostou em um candidato com inúmeros cheques sem fundos e alguns processos no comércio em geral.

> Na capital baiana, Salvador, um grande hotel precisa contratar dois faxineiros para completar seu quadro funcional. Faz-se um levantamento de possíveis candidatos pela análise dos currículos cadastrados, selecionam-se seis, que, em seguida, são contatados.
>
> A primeira apresentação é marcada para dois dias depois. Na data definida, os seis apresentam-se à governanta executiva, que, com o auxílio de um funcionário do departamento de RH, realiza a dinâmica de grupo. Após esse exercício, os funcionários são dispensados e informados que um novo contato será feito. A governanta e o funcionário de RH discutem sobre os candidatos e definem que dois deles são os que mais se destacaram na dinâmica.
>
> No dia seguinte, os dois candidatos pré-selecionados são convocados para uma entrevista com a responsável pelo setor de Limpeza do hotel e para um teste prático. Após as duas etapas, os dois são aprovados.
>
> Desse ponto em diante, antes da admissão, propriamente dita, começa o processo administrativo de levantamento de informações sobre os candidatos selecionados. Depois de efetuada a pesquisa, constata-se que um dos candidatos está com uma série de irregularidades: nome no SPC por motivo de muitos cheques sem fundos na praça e processos decorrentes de prestações atrasadas em diversas lojas de

eletrodomésticos. Normalmente, o próprio departamento de RH o descartaria e orientaria a governanta a não o considerar como opção.

Ao saber das informações sobre o candidato e sensibilizada por sua apresentação durante a entrevista, a governanta solicita ao gerente do hotel para intervir no RH e conceder uma oportunidade ao candidato. Ainda não convencido, o gerente geral pede para conversar com o candidato à vaga de auxiliar de serviços gerais. Durante a conversa, o candidato expõe por que se encontra naquela situação e pede uma chance. Agora, ainda um pouco desconfiado, o gerente geral autoriza a contratação.

Dois anos passam-se, e o funcionário cresce profissionalmente, obtém duas promoções (passa de faxineiro para copeiro, de copeiro para mensageiro e já ruma para a recepção), paga seus débitos aos credores e recupera seu crédito.

Esse é um dos casos de sucesso que ocorrem quando um gestor deixa de lado algumas regras e se arrisca para transformar um candidato com problemas pessoais em um profissional reconhecido.

> **PARA REFLETIR**
>
> - Comente com seus colegas de trabalho ou de sala de aula a respeito de outros casos de sucesso semelhantes que você conheça.
>
> - Que decisão você tomaria ao saber que o candidato a uma vaga está envolvido em algum tipo de processo na justiça?

SITUAÇÃO 6

UM CASO DE FRACASSO EM CONTRATAÇÃO

Se, por um lado, há muitos candidatos que não mostram ser tão competentes durante a entrevista e, posteriormente, já contratados, acabam superando as expectativas de seus contratantes, há também os que, em um primeiro momento, surgem como grandes promessas e, após poucos dias de trabalho, mostram-se inaptos para a realização das tarefas para as quais foram selecionados.

São inúmeras as histórias de contratações fracassadas vividas por hoteleiros. Cumpre ressaltar que também são muitos os fatores geradores de fracasso oriundos de falhas do departamento de RH.

Há, por exemplo, esta falha clássica: não avaliar o grupo que vai receber o novo profissional. Assim, muitas vezes, contrata-se a pessoa que tem as qualificações desejadas; todavia, esse profissional é alocado em um grupo homogêneo e oposto a seus ideais de trabalho. Contrata-se, por exemplo, um jovem determinado, cheio de disposição para enfrentar novos desafios, com títulos de MBA, mestrado, entre outros. E ele é alocado para trabalhar com um grupo de pessoas estagnadas em suas profissões (não necessariamente de idade avançada), que, fatalmente, não o auxiliarão em suas ideias e ainda o verão como um potencial inimigo.

Diante disso, há dois possíveis cenários: no primeiro, o novo profissional se cansará de viver tentando e sendo boicotado em suas ações e pedirá demissão, seguindo, possivelmente, para a concorrência; no segundo, e menos provável, os gestores identificarão o problema e começarão a fazer mudanças entre os profissionais mais acomodados.

E este é outro caso típico: um candidato apresenta um excelente currículo. Em seus últimos empregos, exerceu cargos de chefia e agora é contratado para um nível hierarquicamente inferior ao que antes ocupava. Nesse tipo de contratação, deve-se analisar mais profundamente o candidato para saber como ele vai lidar com a situação. Muitas vezes, candidatos assim permanecem na nova empresa apenas pelo tempo necessário para encontrar outra colocação mais próxima do nível em que já vinham trabalhando. Com isso, perdem-se tempo e dinheiro entre as etapas de recrutamento, seleção, treinamento etc.

A história narrada a seguir é um exemplo dessa situação, em que um candidato desempregado busca qualquer colocação apenas para se manter até encontrar uma posição que corresponda à sua meta profissional.

> O gerente de Recepção de um grande hotel precisa de um novo recepcionista para substituir o anterior, que está deixando o cargo para assumir uma nova posição, agora de chefia, em outro hotel da rede. Ele não tem de procurar muito, pois sabe que um profissional com quem já trabalhou está em busca de uma recolocação em Hotelaria. Seu conhecido já não trabalha no ramo há mais de cinco anos. Por ter facilidade com números, dedicou sua carreira, ultimamente, à contabilidade.
>
> Como o possível candidato é seu indicado, o gerente de Recepção resolve indagar ao gerente do hotel se há, de sua parte, alguma objeção à contratação. Ao analisar o currículo, o gerente do hotel alerta o

gerente de Recepção sobre a possibilidade de o novo profissional não permanecer por muito tempo na empresa, uma vez que seu histórico mais recente é somente na área contábil de empresas não hoteleiras. O gerente de Recepção, categoricamente, afirma que seu conhecido deseja voltar para a Hotelaria, pois estabeleceu isso como meta profissional.

Diante da certeza do gerente de Recepção, a gerência do hotel autoriza a contratação, mas pondera novamente que ainda não acredita que o novo profissional vá ficar por muito tempo.

Cerca de dois meses se passam e, sem sequer avisar previamente para que o hotel busque uma solução, o referido recepcionista pede demissão e, no mesmo dia, deixa a empresa. Mais tarde, vem a notícia de que ele voltou para o ramo da contabilidade.

São situações como essas que vivemos, diariamente, nos hotéis brasileiros. É comum haver o coleguismo, as crenças que se baseiam nas emoções, e não na razão, e a falta de critérios mais objetivos na hora de selecionar candidatos. Tudo isso somado resulta em contratações equivocadas.

> **PARA REFLETIR**
>
> - Em sua opinião, quais são os critérios a serem estabelecidos com o departamento de RH para novas contratações?
>
> - No caso relatado, como você pensa que ficou a posição do gerente de Recepção que decidiu pela contratação, mesmo sendo avisado pela gerência do hotel do possível problema com o candidato? Em sua opinião, ele tomou a decisão certa ou foi infeliz em sua escolha?

SITUAÇÃO 7

CONTROLE EFETIVO DE CARTÃO DE PONTO EVITA AÇÕES TRABALHISTAS E MULTAS DO MINISTÉRIO DO TRABALHO

O cartão de ponto é uma ferramenta obrigatória para toda empresa com mais de dez empregados e é benéfico tanto para o empregador como para o empregado. Nele, é feito o registro das horas de entrada e saída, de forma manual, mecânica ou eletrônica, conforme instruções do Ministério do Trabalho, devendo haver pré-assinalação do período de repouso.

Com o auxílio do cartão de ponto, o empregado pode defender-se juridicamente contra um empregador que tenha agido de má-fé, e vice-versa. Em um caso recente, o empregado ganhou uma ação de pagamento de horas extras movida contra sua ex-empresa, porque quem fazia os registros no cartão de ponto era seu superior, não ele próprio. O juiz do Tribunal Regional do Trabalho (TRT) entendeu que os registros de ponto perderam sua eficácia, na medida em que havia provas de que as anotações eram efetuadas por terceiros, que poderiam manipular as informações em prejuízo do trabalhador.

Muitas vezes, a empresa reclama do excesso de exigências feitas por fiscais do Ministério do Trabalho. Entretanto, manter os cartões de ponto rigorosamente dentro das normas estabelecidas pelo órgão evita uma série de aborrecimentos.

Hoje em dia, as grandes corporações implantaram o ponto eletrônico. Esses sistemas informatizados, além de coletar os dados de entrada e saída dos trabalhadores, podem gerar, a qualquer momento e de maneira rápida e precisa, todo o cálculo de frequência do funcionário, propiciando a consulta de resultados obtidos, a elaboração de relatórios e, por consequência, a integração desses dados com a folha de pagamento. Desse modo, evita-se a perda de tempo comum às conferências de cartões de ponto com registros efetuados de forma mecânica ou mesmo manual.

Dada a necessidade de flexibilidade de horários, os hotéis podem tornar-se vítimas fáceis de ações trabalhistas, caso não procurem estabelecer regras claras e trabalhar com planejamento adequado. A adoção do banco de horas é uma das alternativas legalmente viáveis.

Em vigor desde a Lei 9.601/1998, o banco de horas é um sistema de compensação de horas extras mais flexível; entretanto, exige autorização por convenção ou acordo coletivo, o que cria condições para a empresa adequar a jornada de trabalho dos empregados às suas necessidades de produção e demanda de serviços.

Esse sistema pode ser utilizado não somente quando o trabalhador cumpre horas extras em sua jornada mas também nos momentos de pouca atividade da empresa. Na **baixa temporada** de um hotel, não há necessidade de ter-se tantos profissionais em atividade. Em vez de os demitir durante esse período, pode-se liberá-los do trabalho sem a redução do salário, mantendo o crédito de horas para ser utilizado quando necessário, desde que esse acordo esteja dentro da negociação coletiva.

Deve-se lembrar também que, durante os períodos de **alta temporada**, pode-se aumentar a jornada de trabalho a um limite máximo de duas horas extras diárias. Nesse caso, as horas extras não serão remuneradas, mas, sim, concedidas posteriormente, como compensação de folgas correspondentes ou redução de uma jornada de trabalho, com a finalidade de quitar as horas extras trabalhadas.

PARA REFLETIR

- Cite algumas sugestões para administrar de forma otimizada os cartões de ponto.

- Em sua opinião, o banco de horas é uma solução ou um paliativo?

Cases de
MANUTENÇÃO

PROBLEMAS TÍPICOS DE MANUTENÇÃO EM HOTÉIS

Todo hotel tem seus problemas de manutenção. Alguns, recém-construídos, por serem mais modernos, obviamente, tendem a ter menos aborrecimentos com os serviços de manutenção. Entretanto, o parque hoteleiro brasileiro é composto de muitos hotéis antigos ou mal conservados, o que resulta em constantes intervenções de manutenção corretiva.

Descreveremos, a seguir, os problemas comumente encontrados em hotéis com mais de 15 anos de construção e em atividade.

Vazamento em tubulações principais e secundárias

Nas tubulações principais, os vazamentos nas **prumadas** (tubulações verticais que distribuem a água pelo hotel) são os mais problemáticos de se resolver. Primeiro, há a necessidade de se fechar uma ou mais colunas do hotel, e, normalmente, o local é de difícil acesso, o que estende o problema da falta de água para os hóspedes. As tubulações secundárias, por sua vez, podem ser reparadas isolando-se somente determinado cômodo ou, no máximo, dois quartos.

Problemas no ar-condicionado

Dependendo do tipo de sistema que o hotel utilize (ar-condicionado central ou de janela), os problemas podem ser de fácil solução ou de proporções maiores. Em um sistema de ar-condicionado central, por exemplo, os problemas começam no próprio equipamento, que pode apresentar falhas nos compressores. Depois, seguem na linha de alimentação dos quartos com *fan coils* – equipamentos responsáveis pela troca de calor, como um ventilador – e na **válvula de três vias**, cuja função é fechar a passagem de água gelada quando o sistema de ar-condicionado do quarto estiver desligado. Quando está com defeito, essa válvula pode causar uma forte condensação no quarto.

Falta de energia, gás ou água

Quando o hotel passa por esse tipo de problema, a manutenção deve estar muito atenta ao retorno dos serviços, pois pode haver inúmeras complicações.

Nem sempre a falta de água é de origem externa. Um problema nas bombas responsáveis pelo envio até a caixa d'água no topo do prédio pode ser a causa, e, para atender a essa necessidade, a maioria dos hotéis instala bombas sobressalentes. Quando a água é religada, a pressão exercida na tubulação pode gerar vazamentos nas **prumadas** mal conservadas.

Em caso de queda de energia, não havendo gerador disponível, o hotel deve contar com lâmpadas automáticas de emergência. Por outro lado, quando a energia normal retorna, muitos equipamentos podem não religar automaticamente, necessitando de ação individual.

Quanto à falta de gás, devem-se sempre reavaliar as tubulações quando do retorno do fornecimento, pois pode haver entupimentos no sistema.

Problemas com fechaduras e cofres eletrônicos

Os hotéis mais modernos não têm mais chaves tradicionais, mas fechaduras eletrônicas, que, no lugar daquelas, utilizam cartões. De modo similar, diferentemente dos antigos cofres, que usavam trancões, os cofres eletrônicos atuais precisam de uma senha para serem operados.

Todas essas facilidades proporcionadas pelo progresso também envolvem manutenção. Fechaduras e cofres eletrônicos funcionam a pilha ou bateria e são dotados de um *chip*, no qual se registram as aberturas efetuadas. Um dos problemas de manutenção mais comuns é o término da bateria, o que dificulta a abertura da porta do cofre ou da fechadura. Ocorrem ainda problemas no leitor da fechadura, que, por vezes, não reconhece o **cartão-chave**, além de outras situações de ordem mecânica que resultam no arrombamento do cofre.

Correção da imagem da TV e do acesso à internet

Esses são problemas simples, mas que ocorrem frequentemente nos hotéis. Às vezes, nem existem de fato. É comum o hóspede ter dificuldade em usar o controle da TV ou em conseguir que seu computador acesse a internet, não tendo nada a ver com o sinal do hotel. Em outras situações, basta um ajuste na TV; nos casos mais graves, sua substituição faz-se necessária. No caso da conexão com a internet, os problemas podem ser uma simples folga que não permite plugar adequadamente o cabo de conexão do computador do hóspede ou dificuldades em acessar o *Wi-Fi* (rede de internet sem fio) do hotel.

Consertos em alvenaria, hidráulica, marcenaria, pintura e elétrica

Um hotel deve ter, em sua equipe de Manutenção, profissionais que saibam lidar com diversas especialidades, pois há todo tipo de trabalho: conserto de uma mesa ou cadeira de madeira, troca de tubulações por outras novas, instalação de equipamentos elétricos, reparos em paredes e pinturas em geral. São diversas situações dentro das especialidades mencionadas que ocorrem todos os dias, seja para efeito corretivo, seja para preventivo.

São muitos os problemas que envolvem o departamento de Manutenção. Entretanto, se o hotel tiver um sistema de manutenção preventiva, contar com bons profissionais e dispuser de material adequado para que as ações de manutenção sejam realizadas corretamente e dentro do prazo previsto, seguramente, os transtornos serão minimizados, evitando grandes prejuízos.

> **PARA REFLETIR**
>
> - Com base em pesquisa em diferentes hotéis, aponte quais são seus principais problemas de manutenção. Elabore uma escala ascendente desses problemas.
>
> - Verifique e explique também como são montadas as equipes de Manutenção dos hotéis pesquisados.

SITUAÇÃO 1

HÓSPEDES PRESOS EM ELEVADOR DESESPERAM-SE E ARROMBAM A PORTA

Casos de hóspedes presos em elevadores por mau funcionamento ocorrem todos os dias em hotéis do Brasil. Por mais modernos que sejam os sistemas, sempre há problemas em decorrência de falhas ou do uso inapropriado do elevador.

Apesar do aviso com o limite do número de pessoas e de peso no interior de uma cabine, essa regra é constantemente ignorada. Os elevadores, em geral, são automáticos (sem ascensorista), e, durante sua passagem nos andares do prédio, as pessoas, com pressa, não acatam as exigências necessárias. Assim, o sistema de segurança trava o elevador automaticamente, em um dos andares ou entre os andares. O problema pode também surgir como consequência de falta de energia e ausência de um gerador que suporte toda a carga do prédio.

Enfim, são vários os motivos que podem levar um elevador a parar e a manter seus ocupantes presos no interior da cabine. E, embora a norma de segurança das empresas que administram a manutenção dos elevadores estabeleça que ninguém tente retirar os ocupantes do elevador parado a não ser um técnico especializado ou do corpo de bombeiros, essa norma muitas vezes não é seguida. Em geral, há funcionários da Manutenção, ou mesmo da Recepção, que têm acesso à chave especial e abrem as portas do elevador. Todavia, mesmo com a chave, o problema pode não ser de fácil solução se o elevador estiver entre dois andares.

No relato a seguir, na realidade, a chave especial não resolveu e não houve sequer tempo para o técnico responsável chegar, pois os hóspedes entraram em pânico e forçaram a porta até a abrir.

> É fim de noite em um hotel com grande fluxo de executivos e também de turistas estrangeiros, quando ocorre o problema de parada brusca de um dos elevadores sociais, retendo seus ocupantes no interior da cabine, que é pequena e com capacidade para cinco pessoas ou 350 quilos.
>
> Embora haja, de fato, cinco pessoas, cada uma pesa em torno de 90 quilos. O elevador para no andar térreo, mas não abre suas portas (a interna nem a externa). De imediato, os ocupantes, turistas estrangeiros, começam a bater na porta, em vez de acionar o alarme. O recepcionista, que é avisado por outros hóspedes, pega a chave especial para a abertura do elevador e consegue abrir a porta externa, mas não a interna.
>
> Apesar das tentativas do recepcionista em acalmá-los, os hóspedes que se encontram dentro da cabine começam a desesperar-se e a bater na porta com fortes socos. Em paralelo à ação do recepcionista, a telefonista entra em contato com a empresa responsável pela manutenção para que envie um técnico com urgência para liberar os hóspedes.

No entanto, alguns minutos depois, a porta cede às fortes pancadas e abre-se, permitindo que os hóspedes saiam.

> ### *Para refletir*
>
> - Em uma situação como a relatada, é justo cobrar dos hóspedes o prejuízo pelos danos causados ao elevador?
>
> - Como os hotéis devem proceder para evitar que os elevadores sejam ocupados fora das normas de segurança?
>
> - Você concorda que funcionários do hotel não treinados adequadamente tentem abrir as portas dos elevadores antes da chegada do técnico da empresa responsável ou do corpo de bombeiros?

SITUAÇÃO 2

Elevador com defeito quase compromete grande evento em hotel

Este caso narra como a quebra de um dos elevadores sociais quase compromete a operação de um grande evento social.

Um cliente fecha com um hotel a realização de uma festa para comemorar os 15 anos de sua neta. O hotel em questão, de médio porte, conta com apenas dois elevadores sociais e um de serviço. O evento será realizado no início da noite de um sábado. Primeiro, haverá um coquetel para 200 pessoas na cobertura (por cerca de uma hora) e, posteriormente, os convidados descerão para o andar do centro de convenções para a realização de um jantar privativo. Há uma série de solicitações específicas, como decoração floral, aluguel de móveis, confecção de toalhas e guardanapos personalizados, contratação de DJ, recepcionistas, entre outras.

Tudo transcorre bem nos dias anteriores ao evento. Todavia, o gerente do hotel, por ter muita experiência com eventos, pergunta-se qual seria o "plano B" para o caso de alguma eventualidade.

Quando chega o sábado do evento, logo pela manhã, um dos elevadores sociais para de funcionar. Chama-se a empresa que faz a manutenção dos elevadores, que constata a quebra de uma peça que terá de ser substituída para pôr o elevador novamente em funcionamento. Nesse momento, surge mais um problema: o posto responsável pela manutenção da área que inclui o hotel não dispõe da peça em seu **almoxarifado** para reposição e informa que somente na segunda-feira poderá consertar o elevador.

Em um cálculo rápido, o gerente geral verifica que, com apenas um elevador, será necessária cerca de uma hora e meia para levar todos os convidados à cobertura do hotel, e o mesmo tempo para, posteriormente, levá-los ao centro de convenções. Ele cogita utilizar o elevador de serviço nessa hora extrema, mas a ideia é descartada, dada a necessidade de uso desse elevador pelo setor de **A&B** para levar os aperitivos do coquetel à cobertura e, em seguida, para servir o jantar. Além disso, a aparência desse elevador se encontra em estado precário.

Diante dessa situação crítica, o hotel vê-se na obrigação de pôr em prática um "plano B". O gerente orienta seus funcionários que, após o almoço, preparem a área do restaurante do segundo andar para o caso de precisar usá-lo para o coquetel. Dessa forma, os convidados somente terão de subir um andar da recepção para o restaurante e, depois, um andar a mais para o centro de convenções.

Há ainda a obrigação de alertar o cliente sobre a necessidade daquela mudança de planos. Todavia, antes disso, o gerente vai em busca de outra solução para o elevador. Contata o supervisor da área da empresa prestadora do serviço de manutenção dos elevadores e explica toda a situação, esclarecendo que outra solução deve ser buscada.

Nas horas seguintes, o supervisor e o gerente ficam em contato constante. Por volta do meio-dia, o supervisor informa que encontrou a referida peça em outro posto, a qual é levada imediatamente para o hotel. Mais aliviado, o gerente aguarda o conserto. Contudo, por infelicidade, a peça não é igual à que estava no elevador e não permite nem mesmo uma improvisação ou um conserto provisório. O problema, por conseguinte, continua, mas, agora, com muito menos tempo para a busca de uma alternativa.

As horas passam, e o gerente ainda protela o momento de contatar o cliente para informá-lo sobre toda a situação. Por fim, decide que fará isso somente quando este chegar ao hotel. Deixará, de qualquer forma, tanto a cobertura como o restaurante preparados para oferecer o coquetel.

Por volta das 17h, o supervisor contata o gerente e afirma que conseguiu a peça, retirando uma similar de outro elevador em um prédio comercial do centro da cidade, que, naquele momento, não faria falta.

Perto das 18h30, o elevador volta a funcionar. Cerca de 20 minutos depois, começam a chegar os convidados, e o cliente nada fica sabendo sobre o ocorrido. O evento transcorre tranquilamente, o que deixa o cliente muito satisfeito com o hotel.

> ### *Para refletir*
>
> - Em sua opinião, o gerente tomou a decisão correta ao esperar praticamente até o último momento para ter o elevador consertado, em vez de avisar o cliente sobre o problema?
>
> - Você tem alguma sugestão de outra solução que pudesse ser aplicada nesse caso?

Cases de
ALIMENTOS
E BEBIDAS

O departamento de **Alimentos e Bebidas** (**A&B**) engloba o restaurante do hotel, peça-chave para a imagem positiva do estabelecimento perante os frequentadores e em relação a seu posicionamento no mercado hoteleiro.

No entanto, os restaurantes dos hotéis, em sua maioria, costumam ficar vazios. Uma das razões pode ser de ordem cultural. Criou-se, no passado, na mente dos consumidores, a ideia de que restaurantes de hotéis são muito caros. Todavia, outros motivos justificam também a carência de público.

Para um restaurante ter um público cativo, não basta ter estrutura física moderna, bonita e luxuosa. O que faz um restaurante fidelizar um público é, acima de tudo, o atendimento. O serviço prestado por seus funcionários faz a grande diferença de um empreendimento para o outro. Muitas vezes, um pequeno restaurante sem grandes gastos em decoração surpreende ao estar constantemente cheio de clientes. O serviço pode também não ser floreado de técnicas específicas, e, ainda assim, a qualidade no atendimento ser fantástica. O sorriso no rosto do garçom, a agilidade na retirada dos pratos utilizados, a oferta de bebidas de acordo com o gosto do cliente, a atenção constante, a qualidade da comida, a limpeza do local e a apresentação da conta sem demora – tudo isso é muito importante para a fidelização de um cliente.

Infelizmente, muitos restaurantes de hotéis não se preocupam em ter um excelente nível de atendimento. Na realidade, poucos restaurantes hoteleiros mantêm grande quantidade de clientes. A maioria sobrevive apenas de poucos hóspedes que lá aparecem.

Em seguida, descreveremos algumas situações encontradas em vários hotéis do Brasil.

Atendimento ruim

Esse é o principal problema que afasta qualquer cliente de um restaurante. É comum ocorrer displicência por parte de ***maîtres*** e garçons quando da chegada de um cliente ao restaurante. Deixam o cliente na entrada praticamente implorando para aparecer alguém e levá-lo a uma mesa. Depois, pode também não haver a devida preocupação em manter-se próximo, procurando atender rapidamente os desejos do cliente.

Atraso na entrega dos pratos solicitados

Muitas vezes, tudo começa bem: uma boa recepção por parte do *maître*, eficiência em trazer as primeiras bebidas e o *couvert*, assim como em efetuar o pedido do prato. Entretanto, a demora excessiva para que a comida chegue à mesa contribui para a insatisfação do cliente.

Incorreção do pedido

O prato chega à mesa, mas os detalhes solicitados pelo cliente não foram atendidos e a comida retorna à cozinha para ser refeita. Não houve a preocupação do garçom ou do *maître* que anotou o pedido em esclarecer ao cozinheiro os detalhes do prato ou, se isso foi feito, também não houve a devida preocupação por parte do garçom em verificar se as exigências haviam sido cumpridas antes de levar o prato ao cliente.

Demora na reposição de produtos no bufê

Para os hotéis que trabalham com **bufê** em suas refeições, uma falha que pode ser fatal é a demora na reposição da comida. Gera-se muita insatisfação quando um cliente vai ao **bufê** e não encontra certos pratos, mas, sim, *réchauds* vazios ou com sobras inaproveitáveis e nada atrativas.

Bebidas servidas quentes

A história de levar gelo para servir com as bebidas nem sempre é muito aceita pelo cliente. Muitos preferem receber suas bebidas geladas naturalmente. O correto é ter um estoque de bebidas geladas o suficiente para atender a cada refeição do dia. Infelizmente, ainda há muitos restaurantes que esquecem esse princípio básico.

Formigas, baratas e afins

Higiene é exigência básica em qualquer estabelecimento comercial, ainda mais se o empreendimento for um restaurante. O cliente não pode encontrar formigas sobre a mesa nem baratas circulando pelas paredes. O uso de plantas naturais como forma decorativa de restaurantes tem seu lado negativo, ou seja, pode atrair formigas e essas se instalarem sobre as mesas.

Quando há baratas, o caso é mais sério. Embora muitos estabelecimentos sejam periodicamente dedetizados, a falta de procedimentos de limpeza em áreas específicas pode acarretar a entrada de insetos como baratas, que rumam em direção ao restaurante. É o caso do **almoxarifado**, onde são armazenados alimentos de origens diversas, que chegam em caixas de papelão ou em caixotes de frutas e legumes.

Esses são apenas alguns aspectos que podem contribuir para a falta de clientes nos restaurantes hoteleiros. Uma política constante de treinamentos e renovação eventual dos pratos oferecidos pode conduzir a excelentes resultados.

> **PARA REFLETIR**
>
> - Cite outros aspectos que podem contribuir para o fracasso de certos restaurantes localizados no interior dos hotéis.
>
> - Entre os motivos citados, em sua opinião, qual é o mais difícil de ser corrigido?

SITUAÇÃO 1

INCÊNDIO EM COZINHA DE HOTEL É AGRAVADO POR FUNCIONÁRIO QUE DESCONHECE AÇÕES DE BRIGADA DE INCÊNDIO

Em certa madrugada de fortes ventos, que anunciavam uma possível chuva, a cozinha principal de um grande hotel da cidade do Rio de Janeiro transforma-se em cinzas no decorrer de 20 minutos, aproximadamente. O incêndio poderia ter sido evitado se o funcionário do departamento de **A&B** que preparava o **bufê** do café da manhã conhecesse as noções básicas sobre como lidar com fogo, geralmente adquiridas em um treinamento de brigada de incêndio.

Por volta das 4h da manhã, no fogão principal do hotel, há várias bocas acesas preparando os produtos quentes, como salsichas, linguiças, ovos mexidos etc. Em paralelo, o funcionário da cozinha está na copa cortando frutas.

De repente, começa um pequeno incêndio sobre a chapa do fogão, que se vai alastrando por toda a peça. Ao ver as chamas elevadas, o funcionário resolve encher um balde de água para jogar sobre o fogo. No entanto, ele desconhece que água e óleo não se combinam. Ao jogar água, ele propaga o fogo para várias outras áreas, inclusive para a coifa do fogão, que, por sua vez, vai sendo consumida até chegar ao topo do prédio.

Auxiliado pelo vento e pela falta de uma brigada de incêndio, em instantes, o fogo alastra-se por toda a cozinha – que não era pequena. Quando os bombeiros chegam, pouco podem fazer, a não ser evitar que o fogo consuma o restante do prédio.

Confira, a seguir, várias falhas distintas envolvidas nessa situação.

Em geral, o horário da madrugada nos hotéis é o que reúne a menor quantidade de funcionários. Também é quando se dispõem de menos recursos para a solução de problemas. Não há lojas abertas para a compra de peças para eventuais consertos, o número de funcionários da Manutenção é limitado (geralmente apenas um ou, até mesmo, nenhum) e, por essa razão, esses profissionais devem estar muito bem preparados para lidar com situações inusitadas. No caso relatado, o profissional da cozinha não estava preparado para lidar com sinistros de fogo.

Outra situação observada na ocasião do evento foi o fato de o quadro de disjuntores estar localizado atrás do fogão, ou seja, para desligar a eletricidade do local e lidar apenas com o fogo sem risco de ser eletrocutado, era preciso passar pelas chamas e, em seguida, desligar o sistema de alimentação de energia.

Demorou-se muito a chamar o corpo de bombeiros: outra falha, considerando-se a inexistência de um procedimento de brigada de incêndio.

Na realidade, somente há pouco tempo, os hotéis começaram a preocupar-se em formar brigadistas. Mesmo entre aqueles que o fazem, poucos atingem um nível profissional. Manter uma programação definida para simulações, reciclagens constantes e renovação dos brigadistas é importante para o bom funcionamento de um hotel, pois, com a rotatividade dos funcionários, faz-se obrigatória a reposição do grupo.

> **PARA REFLETIR**
>
> - Pesquise e explique os procedimentos básicos que uma brigada de incêndio deve executar ao lidar com fogo em um hotel.
>
> - Pesquise alguns hotéis de sua cidade que contam com uma brigada de incêndio e descreva sua formação.

SITUAÇÃO 2

CRIANÇA INGERE ÁLCOOL PARA LIMPEZA ARMAZENADO EM GARRAFA DE ÁGUA MINERAL EM BAR DE PISCINA DE HOTEL

Nunca ficou esclarecido se o caso a seguir ocorreu por falha dos funcionários da piscina na guarda de materiais utilizados para limpeza ou se, na realidade, tratava-se de um problema no engarrafamento da água.

Em um magnífico **resort** no Nordeste do Brasil, durante um fim de semana com sol escaldante e, por conseguinte, um forte calor, o consumo de bebidas se torna intenso. Há muita gente na piscina e na praia em frente ao hotel, para onde também se estende a oferta de serviços como bebidas e alimentos.

Por volta do meio-dia, sentados nos bancos do bar flutuante da piscina, estão um pai e seu filho de cerca de 8 anos de idade. O pai pede uma cerveja e o filho quer uma água mineral. O recepcionista do bar da piscina imediatamente atende seus clientes, providenciando o solicitado. Pega a garrafa de água, abre a tampa e enche o copo do menino. Em seguida, vai servir a cerveja do pai. A criança está com muita sede e, de uma só vez, bebe quase a metade do copo. No mesmo momento, sente sua garganta arder e tem ânsia de vômito. O pai socorre-o de imediato, pensando que ele se engasgou com a água. O garoto diz que a água está ruim, o pai pega o copo e constata que, em vez de água, o líquido é álcool de limpeza.

Desse momento em diante, instaura-se uma grande confusão, com o pai querendo agredir o recepcionista do bar e solicitando a presença da gerência do hotel. Com a chegada do gerente, após uma série de xingamentos e ameaças por parte do hóspede, a situação é tranquilizada. O menino recebe atendimento médico por parte do hotel e fica bem.

Apesar de ter a situação controlada em relação aos hóspedes, o gerente ainda se questiona se alguém havia guardado álcool para a limpeza de louças e talheres em uma garrafa de água e, posteriormente, essa se acabou misturando com as demais garrafas na geladeira do bar, ou se, de fato, como afirmava o funcionário, a garrafa estava lacrada de fábrica e tinha sido aberta naquele momento.

No intuito de esclarecer a situação, a gerência faz contato com a fornecedora da água mineral, que envia técnicos para analisar o que resta do álcool na garrafa do menino. Na fábrica, é feita também uma investigação para saber se há outros casos semelhantes – podia ser alguma sabotagem. De acordo com os representantes da fábrica, nenhum caso similar é identificado.

São conhecidos casos em que o gosto da água de algumas garrafas sofre transformações radicais, tornando-as inviáveis para consumo. Uma das explicações que técnicos de engarrafadores dão dizem respeito ao fato de a tampa não estar vedada adequadamente (há um filtro por dentro da tampa) e, com o transporte ao ar livre e o calor excessivo, a água fica com gosto de plástico. Diante de vários problemas parecidos, houve aqueles que se viram obrigados a trocar o fornecedor dos filtros.

> **PARA REFLETIR**
>
> - De acordo com o relato apresentado, o que você faria se estivesse no lugar do gerente do hotel nessa situação? Demitiria o funcionário do bar? Romperia o contrato com o fornecedor de água mineral?
>
> - Considerando a hipótese de uma garrafa com álcool ter sido colocada de forma negligente entre as de água, quais procedimentos deveriam ser implantados pelo departamento de **A&B** para evitar situações como essa?

SITUAÇÃO 3

GARÇONS DE RESTAURANTE DE HOTEL DESVIAM COMANDAS E FICAM COM PAGAMENTO DE NOTAS

Aqui, vamos mostrar um tipo de relato que pode ocorrer em qualquer restaurante, e não somente nos localizados dentro de hotéis. De tempos em tempos, surge um problema dessa ordem, o que acaba causando a demissão, geralmente, de dois, três ou mais garçons do empreendimento. Os métodos utilizados para desviar receita são inúmeros e, por mais organizado e informatizado que seja o restaurante, é sempre criado um novo jeito para superar as barreiras preventivas.

O relato a seguir descreve um método aplicado por um bom tempo em um restaurante de um hotel localizado na orla de uma grande cidade do Brasil. Esse restaurante, na ocasião, era muito frequentado por **passantes**, ou seja, clientes que não são hóspedes nem têm reserva, além de hóspedes e participantes de eventos. Entre os **passantes**, havia os clientes habituais, que, entre duas e três vezes por semana, frequentavam o restaurante. Muitos deles, além de gerarem contas elevadas, também ofereciam boas gorjetas. Foi com base em uma observação cuidadosa que o gerente do departamento de **A&B** ficou intrigado e descobriu o esquema.

No início de determinada semana, um garçom, embora esteja com sua folga prevista para o domingo seguinte – os garçons desse estabelecimento descansam dois domingos por mês –, insiste em trabalhar, mesmo não recebendo nada a mais por isso. O hotel, por sua vez, informa que ele deverá cumprir a folga, conforme consta em seu cartão de ponto. Meio contrariado, ele acaba aceitando. No decorrer da semana, entretanto, ausenta-se por problemas de saúde e, por conseguinte, é convocado para trabalhar no domingo.

Como é habitual aos domingos, há vários clientes no restaurante, principalmente os regulares. O gerente de **A&B** observa o serviço, assim como os rostos conhecidos. Como conhece a maioria, sabe, por exemplo, que o senhor da mesa 32 gosta de um vinho chileno, que o da mesa ao lado aprecia uma picanha argentina e que aquele da mesa 25 adora uma vodca russa como aperitivo para abrir-lhe o apetite, e assim por diante.

No fim do almoço, junto ao caixa, o gerente começa a observar as **comandas** e constata que a da mesa 32, aquela do amante de vinho chileno, não se encontra. Em seguida, também identifica que a do apreciador de picanha não está entre as outras, e assim segue verificando até chegar à conclusão de que faltam cerca de cinco **comandas**.

Como o *maître* saiu com os garçons daquele turno – uma vez que o outra equipe já havia assumido o restaurante –, o gerente manda verificar, nos vestiários, se há ainda algum dos funcionários do turno anterior. É encontrado um dos garçons, que, questionado sobre uma **comanda** de uma das mesas de sua resposabilidade, alega que esqueceu no bolso do uniforme os valores pagos pelos clientes, devolvendo-os a seguir. O gerente começa a perceber que não se trata somente de um ou dois garçons que estão operando de forma irregular no restaurante, e, sim, de um grupo.

Para que o estoque de bebidas não sofresse alteração, os garçons lançavam o consumo desses clientes como **Consumo Interno (CI)** (para gerências e convidados) ou como consumo de coquetéis dos eventos contratados em regime de *open bar*. No final, fez-se necessário demitir seis garçons e o *maître* daquele turno.

Essa é uma das muitas histórias com problemas envolvendo desvio de receita em restaurantes. Existem, como em toda profissão, pessoas nada éticas e muito menos honestas trabalhando em vários restaurantes do Brasil. O que se deve fazer é sempre evitar contratá-las.

> **PARA REFLETIR**
>
> - Com base nesse relato, o que você faria para uma fiscalização mais eficiente do estoque de produtos (alimentos e bebidas) oferecidos nos restaurantes?
>
> - Promova um debate com seus colegas de trabalho ou de sala de aula sobre a situação descrita e discuta com eles a respeito de casos semelhantes que conheçam.

SITUAÇÃO 4

HOTEL SERVE COMIDA ESTRAGADA A CLIENTES EM GRANDE EVENTO: MUITOS PASSAM MAL E UMA MENINA MORRE

Este caso ocorreu em um grande ***resort*** do Nordeste, administrado por uma conceituada operadora hoteleira, que, na ocasião, tinha mais de 20 hotéis de luxo e ***resorts***.

Um grande evento de magistrados foi realizado entre uma quinta-feira e um domingo no ***resort***. Segundo os jornais da época, bem como relatos da investigação policial, cerca de 170 pessoas passaram mal ainda no hotel, com sintomas de infecção intestinal, resultante de intoxicação alimentar. Todavia, o caso mais grave foi o de uma menina de 9 anos, filha de um casal de juízes pernambucanos, que foi levada para um hospital, mas faleceu dias depois. De acordo com o laudo médico, ela teria sido vítima de uma infecção generalizada.

O evento teve a participação de 600 pessoas, aproximadamente, das quais cerca de 400 estavam hospedadas no hotel. Após o ocorrido, o Ministério Público foi acionado e tomou medidas como fechar a cozinha, a padaria, o bar e o restaurante do ***resort***, pois 35 cuidados obrigatórios – como o controle da temperatura da câmara frigorífica, que é algo fundamental – não estavam sendo cumpridos. As vistorias realizadas pela Agência Nacional de Vigilância Sanitária (Anvisa) também encontraram falhas na manipulação, na preparação, no fracionamento, no armazenamento e no transporte interno dos alimentos. Dias depois, a Secretaria de Saúde do Estado divulgou o relatório da Anvisa, que afirmava que 37% das amostras de alimentos ingeridos durante o evento dos magistrados estavam impróprias para consumo. Além disso, apesar de ser um hotel de grandes dimensões, a cozinha era muito pequena e estreita para o número de empregados e de alimentos produzidos.

A Polícia Civil indiciou, por homicídio culposo, cinco pessoas do *resort*, entre elas, o gerente geral do estabelecimento. A investigação policial constatou negligência na preparação dos alimentos consumidos no evento. O inquérito foi fundamentado por laudos técnicos, que comprovaram a contaminação da comida.

É considerado homicídio culposo aquele em que não há a intenção de cometimento do crime, mas que é ocasionado por negligência (omissão do dever geral de cautela), imprudência (ação perigosa) ou imperícia (falta de aptidão para exercício de arte ou ofício). De acordo com o Código Penal (Decreto-lei 2848/1940), a pena prevista para esse tipo de crime é de um a três anos de detenção. No entanto, existe a possibilidade de a Justiça conceder o benefício da pena alternativa.

Vale ressaltar que, logo depois da tragédia, a primeira ação da principal executiva da rede hoteleira foi dirigir-se ao local e procurar os parentes das vítimas, a quem ofereceu todo o apoio necessário. Contudo, não quis falar com a imprensa, afirmando que somente se pronunciaria após o laudo da Anvisa. Essa atitude, de acordo com especialistas em gestão de crise, não foi a mais correta, pois o recomendável seria esclarecer o que fosse possível, para buscar as soluções com mais tranquilidade.

Hoje o *resort* é administrado por outra rede hoteleira.

PARA REFLETIR

- Diante dos fatos, o que se pode extrair como ensinamento?

- Em sua opinião, onde houve a falha principal? O gerente geral poderia ter evitado tal situação?

SITUAÇÃO 5

HÓSPEDES RECLAMAM DO ROOM SERVICE: APÓS CHEGAREM DE MADRUGADA, CLIENTES PEDEM PRATOS DO CARDÁPIO DO SERVIÇO DE QUARTO, MAS NADA É SERVIDO A CONTENTO POR FALTA DE TREINAMENTO DO FUNCIONÁRIO DO TURNO

O caso a seguir é frequente em hotéis do Brasil. Alguns gestores e proprietários não se preocupam com a qualidade do serviço dos funcionários que trabalham de madrugada. Não há treinamento adequado, e poucos são selecionados para uma eventual promoção. Além disso, a falta de incentivos dificulta a contratação de bons profissionais para esse turno.

Normalmente, o funcionário da madrugada é lembrado apenas quando comete falhas grotescas. O **Room Service** ou **Serviço de Quarto** é um dos mais problemáticos nesse horário. Primeiro porque os profissionais da madrugada, que são em número reduzidíssimo, mal têm tempo para preparar o café da manhã. Além disso, não estão habilitados para atender a todos os itens do cardápio do **Serviço de Quarto**, na medida em que alguns hotéis têm copeiros, e não cozinheiros, nesse horário. Outro fator agravante é a falta de garçons. Muitas vezes, um mensageiro é deslocado para levar o pedido e até mesmo o copeiro é encontrado nos andares fazendo as entregas nos quartos.

O caso em questão enquadra-se exatamente no cenário desenhado.

> Certa madrugada, seis hóspedes, em viagem de negócios, dão entrada em um hotel. Cansados, com fome e estressados, em razão da longa espera para embarcar – o voo atrasou cerca de três horas –, resolvem, após o **check-in**, pedir alguns pratos diretamente de seus quartos, já que o restaurante está fechado. O cardápio que se encontra nos quartos contém uma vasta lista de opções. Eles fazem suas escolhas e contatam o **Serviço de Quarto**.
>
> A partir desse momento, surge o primeiro problema: a demora no atendimento telefônico, pois não mais há o funcionário específico responsável pela função (o **order taker**, que vem a ser o tirador de pedidos). É o copeiro quem atende as ligações. Começa, então, um diálogo problemático. De um lado, o cliente, que quer fazer inúmeras perguntas sobre o cardápio, e, de outro, um copeiro que mal conhece os pratos oferecidos. Depois de uma longa interlocução, o primeiro hóspede consegue efetuar seu pedido. Em seguida, a cena repete-se, individualmente, com os outros cinco hóspedes.
>
> Pedidos efetuados, surge um novo problema: a demora na confecção e na entrega dos pratos. Os últimos hóspedes já estão dormindo quando seus pedidos chegam. Além da demora, há também quem reclame que pediu um bife malpassado e recebeu um tostado, outro que solicitou um suco de mamão e recebeu um de laranja, e outras tantas divergências entre o que foi pedido e o que foi entregue.
>
> Pela manhã, ao efetuarem o **check-out**, comentam com o gerente noturno sua decepção com o serviço de alimentação do hotel.

Infelizmente, é praxe, em um bom número de hotéis, não investir nos profissionais do turno da madrugada. Acreditam que casos como o citado raramente ocorrerão em seus estabelecimentos, mas estão enganados. O fato é que muitos hóspedes que passam por situações desagradáveis como a que foi narrada nem sequer reclamam. Eles simplesmente não retornam ao hotel.

> **PARA REFLETIR**
>
> - Cite algumas sugestões para a melhoria contínua do **Serviço de Quarto** (*Room Service*) de um hotel.
>
> - Pesquise como funciona o **Serviço de Quarto** (horários, a quantidade de profissionais, processos etc.) em vários hotéis de sua cidade.

SITUAÇÃO 6

Ratos invadem restaurante de hotel em café da manhã

A maioria dos hotéis brasileiros zela pela limpeza e higiene de suas instalações e procura manter programas frequentes de dedetização e desratização em suas unidades, evitando, assim, um possível contágio em seus alimentos e, por conseguinte, buscando proteger seus hóspedes e funcionários. No entanto, mesmo que disponham do sistema mais eficaz, os hotéis podem ser surpreendidos por invasões inesperadas de pragas.

O caso relatado a seguir apresenta uma situação desse tipo.

> O dia vai nascer. São 5h30 de uma quarta-feira, em que o hotel "dormiu" com sua ocupação em cem por cento. Cerca de 250 hóspedes são esperados para o café da manhã. Os funcionários da cozinha, da copa e os garçons encontram-se agitados montando o bufê e arrumando talheres e louças sobre as mesas, enquanto o pessoal da faxina dá os últimos retoques nos banheiros.
>
> O *coffee shop* localiza-se no térreo, próximo à porta de entrada do hotel, que fica a poucos metros do meio-fio da rua. Em um momento de pouca agitação, dois camundongos entram a toda velocidade no local; porém, não passam despercebidos por um mensageiro que está junto ao *lobby*. Ele transmite a informação aos colegas, e todos se voltam à caça dos intrusos, mas a busca revela-se infrutífera, e, para piorar a situação, os primeiros hóspedes começam a chegar para o

café da manhã. Os trabalhos de captura são interrompidos, e é iniciado o serviço de café.

Durante quatro horas, a tensão é grande entre os funcionários, com medo de que os camundongos apareçam no meio do salão. Após o encerramento do serviço de café e não havendo mais circulação de hóspedes pelo local, a equipe retoma as buscas, agora com mais determinação, retirando os móveis do lugar e jogando água quente embaixo de freezers e outras máquinas de difícil mobilidade. Por fim, localizam os roedores e capturam-nos.

Situações como essa são imprevisíveis. Apesar de todo cuidado que se possa ter, estamos sujeitos a vivenciar problemas inesperados. Nessa hora, o importante é manter a tranquilidade e optar pela alternativa de menor impacto, mesmo que se corram riscos calculados. Os funcionários poderiam ter optado por caçar os camundongos durante o serviço de café, mas isso seria presenciado por vários clientes e, em questão de minutos, os comentários chegariam a vários outros hóspedes e, em seguida, desses para suas empresas e **agências de viagens**. Procurar manter a situação como se nada estivesse ocorrendo, naquele momento, foi um risco premeditado e aceitável.

> ### *Para refletir*
>
> - O que você faria em uma situação como essa? Cite algumas sugestões para evitar problemas dessa ordem.
>
> - E se um dos camundongos surgisse no meio do café da manhã e todos os hóspedes que lá estavam o vissem? Como o hotel deveria lidar com a situação?

SITUAÇÃO 7

Falha em serviço de restaurante quase arruína inspeção de operadora de viagens

Hotéis localizados em grandes centros costumam receber, com frequência, visitas de inspeção, seja por parte de empresas, seja por parte de agências e operadoras de viagens. Essas inspeções têm por finalidade conhecer o estabelecimento e, com base nessa avaliação, disponibilizá-lo, ou não, para o uso de seus funcionários e clientes.

Por esse motivo, sempre que são avisados com antecedência sobre uma inspeção, os hotéis procuram adotar medidas que visem preparar a recepção desses inspetores de modo que fiquem encantados.

Entre as medidas mais comuns, destacam-se as enumeradas a seguir.

1. Escolhem-se os melhores apartamentos para serem inspecionados, e, em seguida, a Governança procura fazer uma avaliação detalhada, corrigir eventuais falhas, manter o ar-condicionado ligado e, em alguns casos, enfeitar os quartos com flores.
2. Solicita-se uma revisão da limpeza e da arrumação nas áreas por onde a inspeção poderá passar. Por exemplo, cobertura, piscina, restaurantes, bares e centro de convenções.
3. Designa-se um funcionário para atuar como guia dos inspetores. Esse poderá ser o gerente de Recepção ou alguém do departamento de Vendas. Dependendo da importância da visita, até mesmo o gerente geral poderá estar presente durante a inspeção.
4. Quando o grupo é numeroso, procura-se oferecer um coquetel ao fim da visita. Em alguns casos, pode ser uma refeição (almoço ou jantar) de cortesia.
5. Antes de deixarem o hotel, os clientes recebem uma bolsa ou envelopes com materiais promocionais (folhetos, CDs, catálogos etc.). Pode-se também fornecer um brinde com o logotipo do hotel, como uma camiseta ou um boné.

Considerando essas premissas, foi realizada, em dois dias consecutivos, uma inspeção em um hotel da cidade do Rio de Janeiro, que, por muito pouco, não acabou em fracasso.

> Com uma semana de antecedência, uma grande operadora de viagens informa ao hotel que levará funcionários para conhecer suas dependências, a fim de indicar mais turistas para aquele estabelecimento, caso ele passe na avaliação.
>
> Dada a importância da visita e também por falta de disponibilidade de um funcionário de Vendas, o gerente geral prontifica-se a acompanhar os dois grupos de funcionários da operadora. Ele segue os procedimentos básicos de uma inspeção, seleciona os apartamentos, pede que a Governança os revise e cheque todas as áreas sociais por onde a inspeção passará. Por último, determina que seja preparado um coquetel para as 10h30, acompanhado de alguns aperitivos, no restaurante.

1º dia

O grupo chega ao hotel com 20 minutos de atraso e é devidamente recebido pelo gerente geral. Trocam-se cartões de visita e, em seguida, inicia-se a inspeção. O percurso transcorre com sucesso até a chegada ao restaurante, onde, de acordo com o planejamento, praticamente se encerrará a visita, uma vez que, em seguida, o grupo retornará ao *lobby* do hotel e sairá.

Como programado, o gerente espera que sejam servidos, no restaurante, coquetéis e aperitivos. Ao chegar, o grupo é recebido pelos garçons com coquetéis e nada de aperitivos. Embora observe a falha, o gerente nada menciona sobre isso na presença dos clientes. Terminado o coquetel, os clientes descem para o *lobby*, agradecem e despedem-se do seu atencioso guia.

Em seguida, o gerente volta ao restaurante para questionar o que houve com os aperitivos. Ele imagina que possa ter ocorrido algo com a fritadeira e não tenha havido tempo hábil de substituí-la. No entanto, para a sua surpresa, os salgadinhos estão prontos, quentes e armazenados na estufa. Ao questionar os garçons sobre o fato, a resposta é apenas: "Desculpe, senhor, mas nós nos esquecemos de servir os salgados."

Depois da devida repreensão aos funcionários, o gerente geral considera o caso encerrado, uma vez que a falha não foi notada pelos clientes. Todavia, pede o máximo de atenção, pois, no dia seguinte, virá um segundo grupo ao hotel.

2º dia

Para não correr novos riscos, antes de o grupo chegar ao hotel, o gerente passa pelo departamento de **A&B** e certifica-se de que tudo transcorre conforme o planejado. O grupo chega ao hotel dentro do horário e inicia a inspeção. Mais uma vez, a visita flui de forma eficaz – todos enaltecem o estabelecimento e os serviços que puderam ser observados. Ao terminar a inspeção pelo centro de convenções, acompanhado de seu grupo, o gerente desce pelas escadas (apenas um andar abaixo) em direção ao restaurante e, por conseguinte, ao coquetel acompanhado de salgadinhos.

Liderando o grupo, quando chega aos degraus finais da escada, o gerente depara-se com a seguinte cena: o piso de granito do restaurante está totalmente molhado. Mal dá para seguir rumo à escada de acesso ao *lobby* sem correr o risco de cair. Em resumo, nada de restaurante, nada de coquetel e nada de salgadinhos. Em uma rápida olhada para o *maître*, o gerente comunica a orientação para que o coquetel e os salgadinhos sejam servidos no *lobby*. Desta vez, o coquetel é servido e os clientes saem empolgados com o hotel.

Posteriormente, o *maître* do restaurante explica que se esqueceu de avisar aos funcionários da faxina que lavassem o restaurante, ao término do café da manhã, somente após a passagem do gerente geral com o grupo que fazia a inspeção no hotel.

Como se vê, mesmo com planejamento, eventos podem fracassar, única e exclusivamente, por falha humana, que, muitas vezes, é gerada por falta de treinamento, de competência ou mesmo por ineficácia no recrutamento dos funcionários operacionais.

PARA REFLETIR

- Como você vê essa situação? A responsabilidade do processo falho seria da gerência do hotel, do *maître*, dos garçons ou do departamento de RH? Justifique sua resposta.

- Que sugestões você faria aos hotéis para as ocasiões em que recebem inspeções de empresas, agências, operadoras de viagens e outros grupos interessantes ao negócio?

Cases de
MARKETING
E VENDAS

SITUAÇÃO 1

O SUCESSO DO LANÇAMENTO DE UM HOTEL NO CENTRO DO RIO DE JANEIRO

Muitos empreendedores sonham com a inauguração de seus hotéis. Projetam um dia especial, uma grande festa com centenas de convidados, entre eles amigos, clientes, celebridades e políticos, com jogos de luzes e chafarizes, e outros atrativos. E há aqueles que se limitam, por vários motivos, a uma inauguração simples, sem muito *glamour* e com poucos, mas influentes, convidados.

Com frequência, os hotéis são inaugurados parcialmente, em **soft opening**, e, só no futuro, já em pleno funcionamento, a obra é concluída. Entretanto, seja uma inauguração simples, seja glamorosa, faz-se necessário um planejamento específico para atender às exigências do mercado. Uma inauguração bem-sucedida pode gerar resultados imediatos para o novo empreendimento.

Todavia, quando falamos de um planejamento específico para lançamentos, não nos limitamos ao primeiro dia de funcionamento do hotel, mas a um prolongamento dessa abertura nas semanas seguintes, nas quais se realizam ações que auxiliam na divulgação da nova marca ao mercado. De certo modo, essas ações são mais importantes que a própria inauguração em si.

No caso a seguir, citaremos um exemplo desse tipo de ação em relação a um hotel inaugurado no centro do Rio de Janeiro, em 2007.

> Uma grande rede de hotéis resolve apostar na Cinelândia, região do centro do Rio, para instalar seu mais novo empreendimento. Embora o local conte com alguns hotéis, nenhum é da mesma categoria. O prédio adquirido é uma construção bem antiga, que já foi hotel em um passado distante. O edifício é reformado e modernizado, dentro dos padrões da rede e nos moldes das exigências do mercado. O novo prédio tem quartos confortáveis com banheiras de hidromassagem, acesso à internet banda larga, canais fechados de TV, sala de ginástica, sauna, piscina, um terraço com uma linda vista da Marina da Glória, entre muitas outras facilidades para seus futuros hóspedes.
>
> Apesar dos benefícios oferecidos, ainda falta um "motivo", algo realmente mais convincente, que seja capaz de trazer os clientes para aquela região da cidade, uma vez que há outras áreas próximas – e, naquele momento, mais valorizadas – com grandes e bons hotéis. Nesse ponto, surgem as ações de Marketing e Vendas para fomentar a promoção e a divulgação do novo negócio.
>
> A seguir, descreveremos as ações executadas pelo departamento de Marketing e Vendas da referida rede.
>
> 1. Cerca de um ano antes da abertura do hotel, os promotores de vendas já divulgam, em suas visitas às empresas e às **agências de viagens**, a existência do novo empreendimento e sua data provável de abertura.
> 2. A equipe de Marketing elabora folhetos em que há descrições sobre o novo hotel. Além disso, procura explorar essa informação junto à mídia em geral.
> 3. Por volta de seis meses antes da abertura, as ações do departamento intensificam-se e já se projetam as primeiras vendas.

4. O hotel é inaugurado de forma simples e ainda no regime de *soft opening*.
5. O departamento de Marketing e Vendas inicia um trabalho de divulgação ainda mais intenso, promovendo ações como a realização de coquetéis para atrair o público-alvo (secretárias de grandes empresas, agentes de viagens, consulados etc.).
6. É justamente nos coquetéis que o departamento de Marketing e Vendas cria, na mente dos compradores, o "motivo" para que se hospedem naquele hotel.

   O coquetel é precedido de uma visita aos quartos. Todo cliente, ao chegar ao *lobby*, é recebido por um dos promotores de vendas, que o acompanha para uma visita de inspeção aos apartamentos e demais instalações, terminando o percurso na cobertura, onde tem lugar o coquetel e também se encontram os demais promotores, que dão continuidade ao atendimento. Além dos funcionários do departamento de Marketing e Vendas, estão presentes os demais gerentes gerais dos hotéis da rede, assim como alguns diretores da empresa.

   Nesse ínterim – em meio à chegada dos clientes, ao oferecimento de aperitivos e bebidas, à música ao vivo e ao serviço impecável de um modo geral –, há uma pausa para que o gerente de Marketing faça a apresentação do novo hotel e de suas instalações, utilizando, para isso, o recurso de *slides*. Em vez de apresentar as dependências do hotel, que, a esta altura, já puderam ser conferidas pelos clientes durante a visita inicial, ele prioriza o que há no entorno e que considera importante para seus hóspedes.

   A apresentação é dividida em três etapas. Na primeira, o gerente de Marketing exibe a localização do hotel e as belas vistas do terraço e de alguns apartamentos. Em seguida, descreve os pontos culturais dos arredores, com destaque para o Theatro Municipal, o Museu Nacional de Belas Artes, a Câmara Municipal e a Biblioteca Nacional. Por fim, mostra os pontos de entretenimento dos quais os hóspedes poderão usufruir nas redondezas, por exemplo, os Arcos da Lapa e o tradicional bar e restaurante Amarelinho. A apresentação também é marcada com muito bom humor e brincadeiras com os clientes.
7. Logo após a apresentação oficial, os clientes também participam de sorteios de vários brindes da rede de hotéis.

As ações descritas são algumas das possíveis maneiras de se inserir um hotel no mercado. Elas não devem ser empregadas de forma isolada; em vez disso, precisam ocorrer um maior número de vezes, a fim de ampliar o campo de ação com os possíveis clientes. Com o passar do tempo, por exemplo, após um ano da abertura do hotel, certas ações devem ser repetidas, com os objetivos de fidelizar os clientes já conquistados e de atrair novos clientes em potencial.

PARA REFLETIR

- O que você achou das ações de lançamento desse hotel? Estão todas de acordo com um alto padrão de exigência ou seria necessário criar algo a mais?

- Em sua opinião, vale a pena abrir um hotel na condição de *soft opening*, correndo o risco de perder clientes em razão de eventuais barulhos gerados pelas obras em andamento?

SITUAÇÃO 2

CRISES AÉREAS PREJUDICAM SETOR DE TURISMO

O impacto da crise aérea no Brasil e suas consequências foram problemas reais no dia a dia do segmento hoteleiro em um passado não muito distante. Para sobreviver a esse momento e dar a volta por cima, os hotéis, as **agências de viagens** e os demais setores do turismo tiveram de usar sua criatividade e ter o apoio do governo. Hoje, isso faz parte do passado, mas são situações que podem voltar a ocorrer.

Vamos rememorar o panorama daquele momento.

Crise aérea

Um dos primeiros problemas surgiu com a queda do avião da TAM sobre várias casas na periferia do aeroporto de Congonhas, em São Paulo, logo após decolar, em 1996. Depois, houve o choque do avião da Gol com a aeronave Legacy, em 2006. Para agravar ainda mais a situação, surgiram diversos problemas envolvendo controladores de tráfego aéreo. A crise já estava chegando a um ponto elevado quando outro avião da TAM não conseguiu parar na pista de Congonhas ao aterrissar e chocou-se contra o próprio prédio de cargas da companhia aérea, em 2007. A Varig passava por problemas financeiros e, mais adiante, foi vendida a terceiros, que não conseguiram emplacar, até que, por fim, a companhia foi comprada pela Gol.

Em seguida, outros aviões de menor porte e helicópteros caíram na cidade de São Paulo, e a BRA, companhia aérea que vinha crescendo no segmento e da qual se esperava muito, teve também suas operações paralisadas, seguidas da demissão de seus funcionários.

Com todos esses registros alarmantes, do chamado "apagão aéreo", houve, de imediato, uma queda na ocupação das aeronaves, bem como uma escassez de aviões para transportar passageiros nas malhas doméstica e, principalmente, internacional. Muito se discutiu sobre as ações a serem adotadas para minimizar o problema. Na ocasião, uma nova malha aérea estava sendo desenhada, mas foi prognosticado que esta certamente traria problemas para alguns destinos, como a Bahia – alegou-se que, por causa dessa reestruturação, o estado deixaria de receber cerca de 150 mil turistas.

Assim, reverberava a pergunta: de que modo os hotéis, que dependem de clientes que chegam de avião, podem sobreviver? Escassez de aviões, preços de passagens mais caros, desconfiança e medo por parte dos usuários, imagem deteriorada no exterior e falta de respeito com os passageiros, que ficavam horas a fio no aeroporto à espera de seus voos, os quais, aliás, nem sempre saíam. Essas e outras situações foram vivenciadas no auge da crise.

Diante desse quadro, em um primeiro momento, os hotéis nada puderam fazer, além de tentar ser solidários e compreensivos quanto à não cobrança de **no shows** de hóspedes com reservas garantidas que não chegavam aos hotéis por causa de problemas de voo. Além disso, acompanhavam as informações da mídia sobre tudo o que se passava, buscando a orientação das empresas e das **agências de viagens**, e procuravam valorizar seus clientes de locais mais próximos, que tinham a possibilidade de viajar por terra. No fundo, pouco se podia fazer, a não ser exigir das autoridades competentes a solução para todos aqueles problemas.

Como pudemos ver, foi um momento de turbulência, em consequência dos fatores citados e de outras situações, como a violência nas grandes cidades e a carência de infraestrutura adequada em várias partes de país. No entanto, com criatividade, dedicação, disciplina e boa vontade política, foi possível superar parte dessas situações e posicionar o Brasil na lista dos países mais visitados por turistas estrangeiros.

> ### PARA REFLETIR
> - Cite algumas sugestões para superar os problemas com as crises aéreas, ou, na forma popular, "apagões aéreos", caso voltem a ocorrer.

> - Pesquise na internet e faça um resumo dos principais fatos da crise aérea mencionada e as estratégias usadas pelos hotéis na época.

SITUAÇÃO 3

PRECIFICAÇÃO DE DIÁRIAS PARA O EXTERIOR EM MEIO A CRISE CAMBIAL GERA DÚVIDAS ENTRE OS HOTÉIS E AS AGÊNCIAS DE VIAGENS

No início da década de 2000, dada a constante oscilação do câmbio do dólar turismo, diversos departamentos de Marketing e Vendas de hotéis de grande parte do país, que trabalhavam com público receptivo internacional, ou seja, clientes do exterior, em viagens de lazer ou negócios, questionaram-se se era melhor transformar suas tarifas, até então em dólares, para euros. Essa variação do dólar criava problemas para as empresas que vendiam seus produtos e serviços no mercado estrangeiro. Muitas agências de viagens, ao receberem por seus serviços, acabavam perdendo dinheiro resultante da divergência do valor do dólar quando recebido em relação ao mesmo valor pago aos prestadores de serviços (hotéis, restaurantes, empresas de transportes etc.). Além disso, os custos em reais também cresciam de forma radical, o que afetava ainda mais o resultado de uma **agência de viagens**, por exemplo. Por causa dessa situação, muitas **agências de viagens** tiveram seus lucros reduzidos, se uniram a outras operadoras de turismo ou, simplesmente, vieram a fechar suas portas.

Os hotéis que trabalhavam com o público internacional também sofriam as consequências dessa crise. Alguns empreendimentos voltaram-se para o público interno do segmento corporativo e apostaram também na realização de eventos no interior de suas organizações. Todavia, em grandes praças como Rio de Janeiro e São Paulo, tais ações deram resultados satisfatórios. Os estados da Região do Nordeste que trabalham mais com turistas estrangeiros tiveram, no entanto, reduções consideráveis na ocupação e na receita.

Na realidade, o Brasil havia se tornado um destino caro para pagamentos em dólares. A alternativa ventilada em alguns segmentos do *trade* turístico foi substituir as tarifas em dólares por euros, o que facilitaria a venda na Europa e com uma moeda mais estável. Para os demais continentes, seria mantido o dólar como moeda de referência. Entretanto, nunca houve um consenso a respeito no *trade*, ainda que alguns tenham realizado tal proposta. Para o público europeu, também havia uma perda no poder de compra, pois, quando a tarifa era em dólares e esses pagavam com euros, eles ganhavam na conversão, por ser o euro uma moeda mais forte naquela ocasião.

Muitas reuniões foram realizadas entre departamentos de Marketing e Vendas de diferentes hotéis para estudar como fazer essa mudança, entretanto como mencionado, apenas alguns hotéis e **agências de viagens** decidiram seguir a proposta. Com o tempo, o problema acabou se resolvendo sozinho. Hoje, essa situação do passado muito se assemelha ao momento atual: o dólar está muito elevado, assim como os custos em reais. Os hotéis, em geral, já apresentam suas tarifas em "reais" mesmo para o exterior.

PARA REFLETIR

- Em sua opinião, que estratégia poderia ser utilizada para a maioria dos hotéis, agências e operadoras de viagens, companhias aéreas e demais empresas do setor turístico em relação à moeda (euro, dólar e/ou real)?

- Por muito tempo, o câmbio do dólar esteve estável no Brasil. Entretanto, nos últimos tempos, vê-se uma nova subida da moeda. Como podemos lidar com isso? Como administrar financeiramente um hotel com essa oscilação do dólar?

SITUAÇÃO 4

CAPTAÇÃO DE EVENTOS NACIONAIS E INTERNACIONAIS PARA DETERMINADO DESTINO E PARTICIPAÇÃO DOS HOTÉIS NESSA EMPREITADA

Para um planejamento mais preciso, o departamento de Marketing e Vendas de hotéis de grande porte precisa ter conhecimento sobre os futuros eventos nacionais ou internacionais que ocorrerão em sua cidade e identificar as possíveis oportunidades de negócios em cada um deles. Não estamos falando somente sobre os eventos dos próximos meses e sim ao longo dos próximos quatro ou cinco anos.

Nas grandes cidades, o evento pode ser tratado somente para uma área específica, isto é, uma região primária ou, sendo de grande porte, para toda a cidade.

Uma grande cidade, em geral, conta com uma programação de eventos e congressos previstos para os anos seguintes. Essas informações podem ser obtidas na internet – no caso da cidade do Rio de Janeiro, por exemplo, há sites como do Rio Convention & Visitors Bureau (RCV&B), o do Centro de Convenções SulAmérica e de outros órgãos responsáveis pela divulgação de eventos. O do RCV&B fornece mensalmente uma lista atualizada dos eventos captados para a nossa cidade a todos os hotéis filiados a ele. Existem também organizações internacionais, como a **International Congress and Convention Association (ICCA)**, que é formada por associações de eventos de vários países, entre as quais se encontra o RCV&B. Buscas diversificadas na internet também podem resultar em boas fontes de informação.

Tendo ciência da eventual realização de um futuro evento, de acordo com o porte deste, poderá ser necessária a participação de várias instituições do *trade* turístico. Vejamos o exemplo de algumas situações.

Eventos de grande porte internacional

Normalmente, quem buscará trazer esse evento para a nossa cidade será o RCV&B com o eventual apoio da prefeitura e a colaboração do *trade* turístico (hotéis, agências de viagem, linhas aéreas etc.). De posse das informações gerais sobre o evento, caberá ao representante do RCV&B criar atrativos para que o evento seja realizado em nossa cidade. Tal proposta deverá conter planos de infraestrutura da cidade e do local onde o evento será realizado, pesquisa contendo a capacidade e tarifas dos hotéis que poderão ser utilizados, condições e tarifas de transportes, logística em geral e demais exigências que atendam à característica do evento.

Uma operadora de turismo de grande porte pode também realizar o trabalho semelhante ao do RCV&B ou se unir a este para buscar a realização do evento.

Eventos de médio porte nacionais ou internacionais

Esses tipos de eventos também podem ser captados pelo RCV&B, mas os hotéis com grandes salões de eventos podem buscar a negociação diretamente como o cliente sem a intermediação de outros setores do *trade* turístico.

Eventos de pequeno porte

Esses são administrados diretamente pelo hotel ou por uma agência de eventos ou de viagens. São reuniões, treinamento, coquetéis etc.

Algumas fases para a captação de um evento

Seja por um órgão como o RCV&B, seja por agências de viagens e de eventos ou mesmo hotéis, o processo de captação segue uma linha semelhante. A seguir serão apresentadas as etapas que caracterizam o envolvimento de cada participante do *trade* turístico.

Tomando ciência sobre um evento, o passo seguinte é identificar os responsáveis, ou seja, aqueles que darão a palavra final sobre onde se realizará o evento. Por exemplo, tratando-se de um evento médico, o responsável poderá ser o presidente da associação médica.

Ciente sobre quem é o anfitrião, deve-se procurá-lo e lhe oferecer todo o apoio necessário para que o evento seja realizado em sua cidade. De acordo com o porte do evento, é necessário o apoio de outras organizações como hotéis e linhas aéreas, documentos de comprometimento da prefeitura e dos Conventions Visitors & Bureaus locais.

O desenrolar do processo deverá contar com o maior apoio possível de todos os envolvidos, pois a concorrência sempre será grande. Muitos outros destinos, nacionais e/ou internacionais, buscarão oferecer algo a mais para conquistar o evento. Muitas vezes já foram perdidos eventos no Rio de Janeiro para cidades em outras regiões do mundo.

Tendo a noção exata do porte do evento (número de pessoas que participarão, origem dessas pessoas, quantidade de quartos em hotéis que serão necessários, meios de transportes, espaços em centro de convenções, entre outras necessidades), procura-se, então, montar uma proposta completa e apresentar ao anfitrião do evento. Muitas vezes essa apresentação precisa ser realizada em forma de "show" com passagem de filmes, distribuição de material, apresentação e discursos de alguns dos envolvidos etc.

Fechado o evento, seguem-se com as partes operacional (preparação da estrutura) e burocrática (reservas de hotéis, passagens aéreas e a logística em geral).

Há vários tipos de eventos e de periodicidade diversas. Normalmente, os nacionais levam cerca de oito anos para percorrer diversas cidades até voltar ao local de origem, já os eventos internacionais levam cerca de 15 anos para serem novamente realizados em um mesmo país.

PARA REFLETIR

- De acordo com o conteúdo apresentado, ofereça sugestões para a melhor captação de eventos para sua cidade.

- Faça uma pesquisa na internet e identifique os eventos, nos níveis nacional e internacional, previstos para sua cidade nos próximos dois anos.

10

Cases de
EVENTOS

Realizar um evento em um hotel requer que se siga um passo a passo de captação de clientes (Marketing e Vendas) e de execução de diversas tarefas (Operação Hoteleira). No passado, poucos hotéis contavam com áreas para eventos comerciais ou mesmo sociais, salvo seus grandes e belos restaurantes. Há cerca de 25 anos, os hotéis começaram a investir nesse segmento, construindo áreas específicas para realização de eventos. Certos hotéis, por falta de espaço, abdicaram até de alguns quartos para construir salões de eventos. Desde então, esse setor só cresceu, sendo hoje uma das grandes fontes de receita de um hotel.

Um evento pode gerar vários tipos de receita: hospedagem, com o aluguel dos quartos e dos salões de eventos; consumo em restaurantes, **coffee breaks** e coquetéis; aluguéis de equipamentos; contratação de força extra, como recepcionistas (para eventos de grande porte), entre outros serviços terceirizados, como filmagem, fotografia, decoração etc. Por esse motivo, os hotéis investem cada vez mais nesse segmento, contratando e treinando equipes para administrá-lo.

Entendem-se por eventos comerciais: treinamentos de empresas, lançamentos de produtos, **workshops**, feiras etc. Por sua vez, eventos sociais são: casamentos, jantares, almoços, aniversários, formaturas, entre muitos outros.

A seguir, descrevemos as principais etapas a serem executadas para a realização de um evento, considerando o exemplo de um hotel classificado com quatro estrelas, com estrutura de seis salões, além de outros espaços, como cobertura e restaurante, também utilizados.

- Normalmente, o cliente procura o hotel e solicita uma proposta para a realização de um evento. O departamento de Marketing e Vendas divulga os produtos e serviços do hotel para que os clientes busquem pelos serviços. O cliente poderá utilizar vários canais de comunicação, sendo e-mail e telefone os mais usuais.
- Ao atender uma ligação, a equipe de Eventos deverá estar bem treinada em relação a táticas de venda. Há uma série de premissas a serem seguidas durante uma conversa, para identificar a razão do evento, suas necessidades e procurar agregar valor aos produtos e serviços do hotel. Por e-mail, não é

diferente, embora haja menos pressão para que a empresa responda de imediato, como ocorre ao telefone.
- Após receber a solicitação, o departamento de Eventos envia a proposta com alternativas de preços, espaços e serviços oferecidos ao cliente. Ao mesmo tempo, são efetuados bloqueios de espaços para garantir a realização do evento em caso de fechamento da venda.
- O cliente, por sua vez, costuma retornar o e-mail ou a ligação e ponderar sobre os preços, aproveitando também para esclarecer dúvidas.
- Durante o processo de fechamento de um evento, poderá haver alterações que deverão constar nos documentos enviados aos setores envolvidos.
- Com a contratação do evento, o passo seguinte é elaborar uma **Ordem de Serviço de Banquetes (OSB)**, na qual constarão todas as exigências para a realização do evento: local; data; horários diversos, como início, término, almoço e *coffee breaks*; montagem dos salões (se em forma de "U", de auditório, de espinha de peixe etc.); indicações de placas; valores; solicitações aos demais departamentos; cardápios etc. Essa **OSB** será distribuída a todos os departamentos envolvidos no processo.
- Durante o evento, propriamente dito, a equipe do departamento de Eventos acompanha e providencia o suporte aos organizadores, procurando atendê-los em suas necessidades.
- Ao término do evento, uma das coordenadoras da área procura o cliente e pede que ele preencha um formulário de avaliação dos serviços prestados. Essa é uma ferramenta que auxilia na melhoria dos produtos e serviços do hotel.
- Após ao evento, de preferência no dia seguinte, uma carta é enviada ao cliente agradecendo por ter optado pelo hotel e esclarecendo alguma crítica ou sugestão que, eventualmente, possa ter sido feita durante o evento ou mesmo no formulário de avaliação.

Esses são os passos básicos seguidos por um hotel atuante há anos no mercado de eventos.

> **PARA REFLETIR**
>
> - Com base no processo descrito sobre captação, acompanhamento e realização de um evento dentro de um hotel, cite algumas sugestões para melhorar o processo como um todo.

- O envio da carta após a realização do evento teve a intenção de fidelizar o cliente ao hotel. Que outros meios poderiam ser utilizados para alcançar-se esse objetivo?

SITUAÇÃO 1

Ladrões infiltram-se em centro de convenções de hotel durante grande evento e furtam carteira de participante

Um tipo comum de golpe bem-sucedido é aquele em que estelionatários se infiltram, inicialmente, na área de eventos de um hotel; em seguida, na primeira oportunidade, entram em um dos salões, enquanto os participantes estão do lado de fora, no *coffee break*, e furtam os pertences alheios.

O caso a seguir ocorreu em um hotel, localizado na Zona Sul do Rio de Janeiro, voltado ao público executivo e com um bom espaço para eventos: seis salões para convenções.

Um homem, muito bem vestido com um terno escuro, sobe, por volta das 10h, ao andar do centro de convenções. Em dois dos quatro eventos desse dia, é hora do *coffee break*, e seus participantes estão fora dos salões. O golpista entra, com astúcia, em um dos salões e começa a procurar o que furtar. Ninguém estranha sua presença no salão pelo simples motivo de que, para os clientes que estão no evento, parece tratar-se de outro participante ou de um funcionário do hotel auxiliando na reorganização do local. O hotel, por outro lado, julga que ele seja um integrante do evento.

O ladrão retira, de um paletó que está sobre uma cadeira, a carteira com os documentos e cartões de crédito de um participante do evento.

Na hora do almoço, por volta das 13h, o cliente que fora furtado ainda não deu falta de sua carteira, até que recebe uma ligação de Fortaleza. É sua filha, com a notícia de que a administradora de um de seus cartões de crédito havia ligado para sua casa, a fim de confirmar umas compras em um *shopping center* do Rio de Janeiro. Surpreso com a informação, ele procura sua carteira no paletó e não a encontra. Busca-a também em outros locais, inclusive em seu apartamento, pois está hospedado no hotel, mas sem sucesso. Entra, então, em contato com a administradora para cancelar o cartão. O golpista, no entanto, já havia comprado cerca de R$ 5 mil em várias lojas.

Após se discutirem algumas hipóteses sobre como a carteira teria sido furtada no salão, o departamento de Segurança do hotel, ao estudar as imagens gravadas, identifica o golpista, que é reconhecido tanto pelos funcionários do departamento de Eventos como pelos participantes.

Agentes de segurança, acompanhados da polícia, vão ao *shopping* na esperança de encontrar o ladrão. Infelizmente, não têm sucesso: o golpista sabia que seu tempo para o uso do cartão havia se esgotado.

Mais uma vez, estamos diante de um problema de difícil solução. Frequentemente, os golpistas infiltram-se nos grupos e começam a interagir com eles, fazendo perguntas simples, como: "Onde fica o toalete?" Para quem está vendo a cena, parece que, de fato, há um diálogo entre conhecidos e, por conseguinte, não se levantam suspeitas. Já o cliente que lhe respondeu imagina que o golpista seja participante de outro evento do hotel.

Os hotéis que dispõem de um **business center** no mesmo espaço da sala de convenções estão mais vulneráveis, pois, muitas vezes, fingindo-se de hóspedes ou de participantes dos eventos, os golpistas utilizam-se dessa área, alegando a necessidade de usar o computador. Dessa forma, podem estudar todo o ambiente sem criar nenhuma desconfiança.

Normalmente, os hotéis têm salões para convenções em vários andares ou, na melhor das hipóteses, na sobreloja. Os participantes dos eventos, em sua maioria, vêm de fora do hotel, ou seja, não se encontram nele hospedados e transitam bastante pelas áreas sociais do prédio, tornando muito difícil, para o departamento de Segurança, distinguir quem, de fato, faz parte do evento e quem são os golpistas.

> **PARA REFLETIR**
>
> - O que um hotel pode fazer para evitar o acesso de pessoas estranhas à área de eventos?
>
> - No caso relatado, de quem é a responsabilidade: do hotel, que permitiu que um estranho ingressasse no salão e furtasse a carteira de um cliente, ou do cliente, que deveria manter seus pertences junto a si?

SITUAÇÃO 2

PROBLEMAS DE ACESSO À INTERNET PREJUDICAM ATENDIMENTO A CLIENTES DE EVENTOS

O departamento de Eventos está sempre envolvido com as frequentes mudanças solicitadas intempestivamente por seus clientes, acabando com todo o planejamento. É comum uma empresa solicitar um salão para treinamento com determinada montagem (por exemplo, em forma de espinha de peixe) e, cerca de 30 minutos antes de iniciar o evento, o profissional contratado pela empresa para ministrar o treinamento informar que a montagem está equivocada e que a solicitada era outra (em forma de "U", por exemplo). De nada adianta questionar o documento enviado ao hotel informando o tipo de montagem. O jeito é começar a correr para remontar o salão de acordo com a nova solicitação.

Essas e outras situações semelhantes, algumas facilmente administráveis e outras complexas, mas passíveis de solução em curto prazo, fazem parte do dia a dia de um departamento de Eventos. Entretanto, há outras situações que ocorrem por motivos de força maior, ou seja, são variáveis que saem completamente do controle dos responsáveis. Nessas horas, é necessário ter um bom negociador para lidar com os clientes prejudicados e também buscar todos os recursos para administrar a situação e solucionar o problema.

Confira um exemplo no relato a seguir.

> Uma empresa multinacional reserva um dos salões de um grande hotel por três dias e pede diversos serviços adicionais: *coffee breaks*, refeições, café da manhã de boas-vindas e coquetel de encerramento. Além disso, são solicitados 12 computadores de última geração e internet banda larga para ministrar o treinamento, utilizando o servidor do hotel.
>
> Cada detalhe é planejado e testado. No evento, tudo sai como o programado: a montagem está correta; os computadores, distribuídos adequadamente; o ar-condicionado, em temperatura agradável. O café da manhã também transcorre dentro do previsto na área reservada, e tudo leva a crer que o evento será um sucesso.
>
> Cerca de duas horas após o início do evento, surge o primeiro problema: queda na rede de conexão de acesso à internet. O que poderia parecer, em uma análise preliminar, algo de fácil solução, mostra-se bem mais complexo. Ao ser chamada pelo cliente, a coordenadora de

Eventos contata, de imediato, o pessoal de informática para saber se o problema é externo ou interno.

O hotel em questão conta com um sistema em rede que pode ser acessado por dois provedores de serviços de internet diferentes. Dessa forma, havendo algum problema em um, pode-se trocar prontamente pelo outro. Em razão de pertencer a uma rede de hotéis, o setor de Informática é único e tem sua base em outro estabelecimento, no centro da cidade. Entretanto, sua equipe tem acesso remoto aos sistemas dos outros hotéis.

Após a avaliação da equipe de Informática, constata-se que somente este hotel apresenta problema de conexão, mas que pode ser algo nos equipamentos específicos do estabelecimento, de um dos provedores ou ainda de uma empresa terceirizada responsável pelo equipamento de servidor. Os técnicos de informática da rede vão ao hotel e constatam que o problema é do servidor. Comunicam, então, ao departamento de Eventos que, até o fim do dia, o problema será corrigido. Essa informação é repassada ao cliente, que revê seu planejamento e segue o treinamento sem acesso à internet naquele dia.

No início da noite, após várias tentativas e improvisações, e ainda no aguardo do novo servidor que virá de São Paulo, os técnicos de informática conseguem, de forma precária, acessar a internet.

Pela manhã, o cliente retorna ao hotel e inicia seu treinamento, utilizando a internet banda larga. Infelizmente, após algumas horas, novamente o acesso à internet é interrompido. Dessa vez, a calma que o cliente apresentou no dia anterior não se repete. Ele quer falar com o alto escalão do hotel em busca de uma solução.

Enquanto isso, os técnicos de informática da rede de hotéis trabalham incansavelmente em busca de uma solução paliativa. Tentam utilizar um sistema de *Wi-Fi*, mas esse também não funciona. Procuram até ligar na própria rede de serviços do hotel, sem sucesso.

Por volta do meio-dia, o novo servidor chega e é instalado em tempo recorde. Ao retornar do almoço, o cliente encontra a internet funcionando perfeitamente. Permanece no evento até o terceiro dia e, ao despedir-se, agradece a todos. Por conhecer os bastidores de todo o conserto, elogia a atuação da equipe que o atendeu.

Em uma situação como essa, é fundamental que se mantenha a calma. Isso ajuda a conhecer nossos pontos fracos e a aprender a minimizá-los. Os problemas também servem para que possamos crescer profissionalmente.

> ### *Para refletir*
>
> - Como você lidaria com essa situação se fosse o gerente do hotel ou o gerente de Eventos?
>
> - Cite algumas sugestões para evitar problemas semelhantes nesse hotel.

SITUAÇÃO 3

Empresário reserva cobertura de hotel para festa de Ano-Novo, antecipa parte do pagamento, mas cancela evento a poucos dias da data e pede reembolso

Todos os anos, um hotel em Copacabana promove quatro festas de Ano-Novo com ceia incluída, música ao vivo, **open bar** etc. Três são em salões de eventos e restaurantes, e a outra, na cobertura do hotel, junto ao terraço incrementado com um belo bar.

Nas três primeiras, as mesas são vendidas separadamente; já a festa da cobertura só é acessível a quem adquire todas as mesas, pois se trata de um evento privativo para 80 pessoas, no mínimo, e cem, no máximo. Por esse motivo, desde cedo, por volta do mês de março, já se começa a divulgação das vendas antecipadas nesse espaço. Para os demais eventos da noite de 31 de dezembro, as vendas começam somente a partir de setembro. O motivo da venda antecipada do espaço da cobertura é muito simples: ninguém resolve dar uma festa de *Réveillon* para 80 convidados em cima da hora, pois estes, provavelmente, já terão programado, a essa altura, a comemoração em outro lugar.

Empresas e grandes empresários adquirem o espaço previamente, e os convites são confeccionados com bastante antecedência. Um cliente adquiria a cobertura todos os anos, mas, em certo momento, resolveu mudar sua festa para outro bairro. Assim, a cobertura foi disponibilizada para outros clientes, e um empresário a reservou, como veremos a seguir.

A política comercial para a venda do espaço mencionado resume-se a um pagamento antecipado em três parcelas distintas. A primeira deve ser paga logo após a solicitação da reserva, e as outras duas restantes, entre setembro e novembro. Também é esclarecido que os pagamentos efetuados não são reembolsados.

O empresário efetua, por volta de setembro, o pagamento da primeira parcela, quase a metade do valor cobrado, não havendo, por conseguinte, necessidade de dividir-se em três parcelas. Assim, a segunda e última parcela vencerá no fim de novembro.

Entre setembro e novembro, vários e-mails são trocados entre a secretária do empresário e o hotel, apartamentos também são reservados, questionamentos e esclarecimentos são feitos, e tudo transcorre normalmente.

Nesse ínterim, muitos outros clientes procuram o hotel no intuito de adquirir a cobertura; todavia, como ela já se encontra negociada, partem em busca de outras opções.

Em meados de novembro, a secretária do empresário levanta a hipótese – aparentemente por motivo de ordem particular do chefe – de não mais haver a festa e aventa a possibilidade de reembolso do valor pago. De imediato, a gerência exige que se defina essa posição, pois talvez ainda haja tempo para revender o espaço em questão. E acrescenta que, caso isso ocorra, o hotel poderá pensar em conceder um crédito referente ao valor pago para uso futuro do empresário, mas ressalta que isso dependerá da revenda da cobertura para outro interessado.

Os dias vão passando, e o hotel, por meio de inúmeros contatos, pede uma posição definitiva. Já em dezembro, a secretária do empresário reafirma que a festa ocorrerá, e o hotel, por conseguinte, solicita o restante do pagamento, o qual não é efetivado.

A tensão aumenta, até que, no dia 13 de dezembro, o empresário desiste da festa e também exige o reembolso do valor que pagou. O hotel, de posse do contrato com a afirmação de que os valores pagos não são reembolsados, nega qualquer tipo de compensação. Em seguida, o empresário envia um e-mail ao hotel alegando ter direito de receber de volta o valor pago antecipadamente. Por sua vez, a Gerência Geral do hotel responde com um e-mail de oito páginas, contendo todos os e-mails trocados, os registros de telefonemas, os documentos de contrato etc., em um histórico da situação toda, cronologicamente ordenado, desde a reserva em setembro até a desistência do empresário em dezembro. Tudo devidamente comprovado, até mesmo com base nas próprias palavras do empresário.

Na noite de Ano-Novo, a cobertura fica vazia e é disponibilizada ao uso comum dos hóspedes do hotel novamente. A gerência fica à espera de alguma ação judicial por parte do cliente, mas isso não ocorre. Nem mesmo um telefonema é recebido em resposta ao e-mail enviado ao empresário.

O tempo passa, e, em julho do ano seguinte, o empresário faz um novo contato com o hotel na intenção de negociar o valor pago em crédito a ser utilizado na compra, mais uma vez, da cobertura. Esclarece que esteve muito doente nos últimos meses e, por esse motivo, somente agora entra em contato. O gerente pondera as solicitações do cliente e também informa que, ainda que concorde em dar o crédito solicitado, esse não poderá ser utilizado para o pagamento da cobertura, uma vez que essa já havia sido negociada para aquele ano.

Novas conversas sucedem-se, e a gerência, finalmente, chega a um acordo com o cliente: uma suíte para o próximo Ano-Novo e também cerca de 20 ceias em um dos locais de festas.

Não era obrigação do hotel conceder nenhum tipo de compensação. No contrato, estava claro que os valores pagos não seriam reembolsados; porém, de alguma forma, a gerência vislumbra a possibilidade de ter esse cliente nos próximos anos.

Chega o Ano-Novo, a suíte e as ceias são concedidas, o serviço transcorre com sucesso. O cliente fica satisfeito, agradece e reserva de imediato a cobertura para o ano seguinte.

Seis meses se passam, um novo contrato é assinado com as cláusulas de não efetuar reembolsos e as datas definidas para os **pré-pagamentos**. Desta vez, o cliente não apenas efetua seus pagamentos na totalidade, como também antecipa a data. Além disso, aluga vários apartamentos do hotel.

Após o evento do Ano-Novo, o cliente elogia todo o serviço prestado e já deixa reservada, mais uma vez, a cobertura para o ano seguinte.

Essa história, apesar de longa, demonstra o ***feeling*** de um gerente ao acreditar em seu cliente. A Gerência Geral viu que havia a possibilidade de fidelizar aquele cliente, torná-lo habitual. Por isso, concedeu o crédito, mesmo sem ter a obrigação de fazê-lo.

Situações como essa ocorrem constantemente. Às vezes, ao ser flexível, mesmo em circunstâncias não muito favoráveis, pode-se alcançar um resultado muito melhor que sendo irredutível.

> **PARA REFLETIR**
>
> - O que você faria nessa situação se fosse o gerente do hotel? Devolveria o valor pré-pago pelo cliente ou concederia o crédito? Ou, ainda, negaria qualquer benefício a ele? Apostaria mais uma vez em lhe reservar a cobertura, mesmo tendo "levado um bolo" no ano anterior?
>
> - O que você faria para evitar que uma situação semelhante, de cancelamento tardio, deixando poucas chances de revenda do espaço, ocorresse em seu hotel? Caberia incluir uma cláusula de multa em caso de desistência de qualquer uma das partes?

SITUAÇÃO 4

CASOS COMUMENTE VIVENCIADOS POR EQUIPES DE EVENTOS EM HOTÉIS DE TODO O BRASIL

O departamento de Eventos promove diversas atividades de acordo com a capacidade geradora e de realização de demandas dessa natureza, a qual varia de hotel para hotel. Há aqueles que contam somente com algumas pequenas salas e se limitam a reuniões de executivos; outros dispõem de grandes salões e sediam feiras, *workshops*, festas em geral, almoços e jantares de gala, ou seja, grandes eventos. E há ainda aqueles que desfrutam de grandes áreas livres, muitas a céu aberto, onde podem realizar shows e eventos temáticos, como luaus.

Faz-se necessária muita atenção para que todas as atividades estejam devidamente organizadas e para que cada setor ou funcionário saiba como realizar sua função de acordo com as necessidades de um evento. Infelizmente, diversas falhas podem ofuscar o brilho de uma festividade. Algumas são causadas pelos próprios funcionários, e outras, por variáveis que não podem ser controladas pelo hotel.

Confira, a seguir, exemplos de questões comuns concernentes à realização de eventos em hotéis brasileiros.

Mudança no layout de um salão solicitada em cima da hora

Salões são montados de acordo com a solicitação do cliente. As cadeiras podem ser dispostas em forma de "U", de auditório, de espinha de peixe, em estilo de sala de aula, de mesa-redonda etc. Entretanto, nem sempre quem escolhe o tipo de montagem é quem vai realizar, por exemplo, um treinamento. As empresas contratam consultores para treinar seus funcionários e, ao reservarem o salão do hotel, definem como ele deve ser montado. No entanto, em alguns casos, o consultor, ao chegar ao hotel, informa que tudo deverá ser modificado, pois ele deseja outra conformação de assentos. Algumas vezes, a mudança pode até não ser tão radical, mas, em outras, o departamento de Eventos precisa desdobrar-se para fazer a alteração em tempo hábil.

Cancelamentos tardios efetuados pelas empresas

Embora não sejam muito comuns, há situações em que o responsável pelo departamento de Eventos do hotel percebe, por exemplo, que ainda não apareceu nenhum participante para determinada palestra, embora já se tenham passado 30 minutos da hora acordada para o início. A ação imediata é ligar para quem solicitou o evento e, ao fazer isso, é possível ouvir alguma explicação de última hora de que o evento precisou, "por motivo de força maior", ser cancelado.

Então, surge a questão: o que cobrar? Somente o salão, uma vez que se deixou de vender o espaço para outro cliente? As refeições solicitadas (almoços, *coffee breaks*, entre outras), mesmo as que não tivessem sido ainda preparadas? Os equipamentos solicitados em forma de aluguel, por exemplo, o *data show*? Tudo isso dependerá do que aquele cliente representa para o hotel. Normalmente, cobra-se apenas a diária do salão.

Mudanças constantes nos *coffee breaks* e nos cardápios de almoço ou jantar

Um hotel costuma ter suas opções de cardápios de *coffee breaks* e refeições predefinidos. Diante das opções oferecidas, o cliente pode optar por esse ou aquele prato e, eventualmente, solicitar que algo seja inserido ou excluído. Havendo tempo hábil, não há nenhum problema. Entretanto, mudanças tardias de cardápios ou mesmo de horários para a realização dos serviços solicitados podem resultar em produtos e serviços de qualidade questionável.

Muitas vezes, o *coffee break* é montado para determinado horário, e os clientes somente vão consumir cerca de 40 a 50 minutos depois. Isso pode comprometer salgadinhos que se encontram nos *réchauds* ou mesmo em travessas. Bolinhas de queijo, por exemplo, não podem ficar muito tempo no *réchaud*, pois adquirem uma aparência ruim, assim como frutas, que, após muito tempo expostas sem consumo, também perdem sua beleza e qualidade.

Problemas com equipamentos

Geralmente, os hotéis não têm equipamentos eletrônicos próprios. Por isso, terceirizam serviços dessa ordem e repassam os custos ao cliente. Em algumas situações, os equipamentos contratados apresentam problemas de funcionamento e necessitam de substituição. Em geral, com base no acordo com o fornecedor, o hotel conta com equipamentos sobressalentes, mas, se não houver essa facilidade, a demora da chegada de um novo equipamento pode contribuir para a insatisfação do cliente.

Para evitar problemas assim, é fundamental testar previamente todos os aparelhos a serem utilizados pelo cliente. Há também situações em que o próprio equipamento do cliente apresenta problemas. Da mesma forma, o hotel precisa disponibilizar um substituto e, obviamente, repassar os custos.

Problemas de acesso à internet

Hoje em dia, a maioria dos eventos de empresas exige, no mínimo, um ponto de acesso à internet ou mesmo *Wi-Fi*. Todos os hotéis que desejem ingressar ou permanecer no mercado de eventos precisam oferecer esse tipo de serviço. Para tanto, deve-se conhecer sua real capacidade de acesso. O hotel poderá manter, simultaneamente em uso, determinado número de computadores. Passando dessa quantidade, o serviço começará a ficar lento e poderá até mesmo ser interrompido. O desconhecimento dessa informação pelos funcionários do departamento de Eventos pode comprometer o sucesso do treinamento de uma empresa. Para isso, além de saber a capacidade e a velocidade de conexão da internet do hotel, deve-se sempre questionar o cliente sobre quantos computadores poderão ficar conectados ao mesmo tempo na web.

A definição dos processos de eventos: onde começa sua atuação? Onde termina?

Poderíamos dizer que os processos da área de Eventos começam na definição do que será ofertado aos clientes. Aquilo que realmente poderemos realizar com qualidade, tanto nos produtos como nos serviços. Com base nessa definição, entra a divulgação do produto e começam a chegar os clientes. Um bom atendimento ao telefone, uma resposta rápida e objetiva a um e-mail, uma recepção calorosa ao cliente que vem pessoalmente ao hotel e a busca por atitudes que agreguem valor a seus produtos e serviços – tais ações certamente atrairão diversos eventos ao hotel.

Partindo-se desses pontos, devem-se acompanhar as propostas, contatando o cliente e verificando se ele deseja outras informações ou algo a mais, dando suporte até o fechamento da venda e, consequentemente, até a realização do evento. Entretanto, o processo não termina ao fim do evento. É necessário adotar ações de pós-venda, para identificar e corrigir eventuais falhas e, ao mesmo tempo, procurar fidelizar o cliente.

Administração de horários de refeições

Em alguns hotéis, em que o restaurante não atende cem por cento da capacidade de eventos ou tem uma clientela externa frequente, se não houver uma administração de horários para que os participantes de eventos tenham suas refeições, poderá haver filas enormes junto aos **bufês**, falta de mesas ou ainda demora excessiva na elaboração e na entrega dos pratos. É fundamental que coordenadores de eventos administrem os horários junto aos responsáveis pelos eventos no hotel.

Falta de informações da Ordem de Serviço de Banquetes (OSB)

Sob o aspecto administrativo, um coordenador nunca deve esquecer-se de informar, na **OSB** – como sabemos, é o documento que contém todas as informações sobre determinado evento e é distribuído por todos os departamentos envolvidos de maneira direta ou indireta –, todas as ações que cada setor deverá executar para a realização do evento.

Na **OSB**, deverão constar, por exemplo, os horários de *coffee breaks*, as refeições em geral, os cardápios, os preços acordados, entre outras informações. A falta de um único dado poderá comprometer o sucesso do evento. Um exemplo bem simples é não mencionar quais bebidas deverão estar incluídas por conta do cliente, em um jantar de gala, e quais não foram acordadas. Como consequência dessa falha, as bebidas acabarão sendo servidas sem o respaldo necessário, podendo comprometer o jantar e o fechamento financeiro do evento.

> ### *Para refletir*
>
> - Com base nos exemplos acima, o que pode ser feito para evitar as falhas mais comuns em um departamento de Eventos?
>
> - Faça uma pesquisa em alguns hotéis de sua cidade para conhecer a capacidade de realização de eventos desses estabelecimentos (quantidade e capacidade de salões, número de lugares disponíveis nos restaurantes, existência de outras áreas para realização de eventos e tipos de eventos promovidos).

11

Cases de
SEGURANÇA

SITUAÇÃO 1

Hóspede sonâmbulo aparece seminu de madrugada em lobby de hotel e dirige-se para a rua

Quando não há consequências graves, algumas situações, como a relatada a seguir, até se tornam engraçadas.

Há pessoas que sofrem de sonambulismo e, durante a noite, levantam-se, falam sozinhas, circulam pela casa e, depois, voltam a dormir, sem nada lembrar no dia seguinte.

No caso a seguir, o hóspede foi um pouco além disso.

São cerca de 2h de uma madrugada que segue tranquila. Alguns hóspedes ainda bebem no bar do *lobby* do hotel, quando o gerente noturno nota um hóspede descendo as escadas de acesso dos quartos ao restaurante. No primeiro instante, o que chama sua atenção é o fato de ele vir pelas escadas, naquela hora da madrugada, considerando que o primeiro pavimento de quartos fica no quinto andar. Ao observá-lo melhor, vê que o cliente usa uma camisa tipo polo, comprida, e nada por baixo. Ele parece sonâmbulo ou sob efeito de drogas.

Antes mesmo que o gerente consiga abordar o hóspede, este segue para a porta do hotel, em direção à rua. Imediatamente, o gerente e o segurança do hotel, que está à porta, seguem e alcançam o hóspede, agora constatando que se trata de alguém em crise de sonambulismo. Ao pará-lo, procuram trazê-lo de volta ao hotel, tencionando, em seguida, descobrir o número do seu quarto.

Dizendo frases desconexas, o hóspede informa, com muito custo, o número do quarto. Na recepção, tenta-se confirmar a informação, a qual parece estar correta. Sobem os três – o hóspede, o segurança e o gerente noturno – para o andar indicado. Ao saírem do elevador, observam algumas roupas pelo corredor e a porta do quarto em questão aberta. Após recolherem as roupas do caminho, deitam o hóspede na cama. Alguns minutos depois, ele dorme um sono tranquilo novamente. Fecham a porta do quarto e retornam à recepção.

No dia seguinte, o gerente de Recepção entra em contato com o hóspede para saber se tudo está bem. Aproveita para contar-lhe sua aventura da madrugada. O hóspede diz que, há muito tempo não tinha uma crise de sonambulismo e que não se lembra de nada da madrugada anterior. Ele pede desculpas por qualquer aborrecimento causado ao hotel, agradece a atenção e, a partir de então, torna-se um hóspede habitual.

Essa situação, contada agora neste livro, pode até ser engraçada. No entanto, imaginemos se, ao sair pela rua, esse hóspede sofresse algum acidente, ou mesmo se ele caísse ao descer as escadas. Provavelmente, a história teria um final bem diferente. Por isso, é muito importante que todos os funcionários estejam atentos ao que ocorre dentro de um hotel.

A ação imediata do gerente noturno, que, naquele momento, estava no *lobby* do hotel, pode ter evitado um problema de maior escala. É importante que se pense nisto: todos devemos prestar mais atenção ao ambiente em que realizamos nossas tarefas e instruir nossos colegas de trabalho que o façam também. Situações como essa são comuns em hotéis, seja por uma crise de sonambulismo, seja por efeito de drogas (tranquilizantes, por exemplo).

> **PARA REFLETIR**
>
> - O que você faria em uma situação similar?

SITUAÇÃO 2

HÓSPEDES INGRESSAM EM HOTEL COM GAROTOS DE PROGRAMA E ACABAM DOPADOS E ASSALTADOS

Vamos relatar uma situação muito comum, principalmente nas grandes cidades do Brasil. Embora instruídos sobre o que não é recomendável, turistas acabam não acatando as sugestões e envolvem-se com estranhos durante sua estada. O resultado, às vezes, é como o do relato a seguir, que reúne fatos mostrados pelas câmeras de vídeo do circuito interno do hotel.

Em um hotel classificado com três estrelas de uma grande cidade, dois homens hospedam-se em quartos separados. Eles estão na cidade em uma viagem de lazer, para conhecer os pontos turísticos, mas também se revelam dispostos a aventurar-se em encontros amorosos.

Certa noite, chegam acompanhados de três garotos de programa e querem subir para seus quartos. Obedecendo às normas do hotel, o recepcionista impede o ingresso dos acompanhantes. Os hóspedes acatam a decisão da recepção e saem novamente com os rapazes.

No dia seguinte, por volta das 21h, dois novos garotos de programa, no meio de uma multidão que se aglomera no **lobby** (de grupos saindo para aproveitar a noite), conseguem despistar o segurança de plantão e seguem para os quartos junto aos dois americanos. Cerca de 40 minutos depois, os garotos de programa saem do hotel também sem serem percebidos.

Por volta das 2h da madrugada, o segurança do hotel, durante a ronda padrão, encontra um desses hóspedes no corredor, nu e totalmente dopado, batendo na porta do apartamento de seu amigo, que, por sua vez, não responde.

O segurança chama imediatamente o gerente noturno para auxiliar na condução das investigações. Ao chegar, o gerente oferece uma toalha ao hóspede nu para cobri-lo. Ele mal consegue ficar em pé. Batem, mais uma vez, no apartamento do amigo, que, agora, consegue chegar à porta do apartamento e abrir, mas também se encontra dopado e sem condições de manter-se em pé por muito tempo.

Ambos são acomodados em suas camas, e um médico é chamado ao hotel. Após uma rápida análise clínica, é constatado que os hóspedes haviam sido dopados pelo famoso "**boa noite, cinderela**" – uma droga que faz dormir rapidamente e tem efeitos catastróficos por cerca de 12 horas, além de levar, aproximadamente, três dias para que a pessoa volte ao seu estado normal.

Posteriormente, em melhores condições, os hóspedes esclarecem que conheceram os dois garotos em uma praça da Zona Sul da cidade e não suspeitaram que pudessem ser perigosos.

Esse é um caso que ocorre diariamente nas grandes cidades. Existem garotos de programa cuja única finalidade é roubar seus clientes. Para isso, utilizam a referida droga de várias maneiras: algumas vêm em forma de comprimidos, que são dissolvidos na bebida que a vítima esteja consumindo, outras podem vir dentro de um desses chicletes com líquido, entre outras. O efeito dessa droga pode até matar.

Apesar de todos os avisos que os hotéis costumam dar, ainda assim, os hóspedes acabam caindo nessa armadilha. Por isso, a recepção deve sempre estar atenta ao acesso de suspeitos que acompanhem seus hóspedes.

> **PARA REFLETIR**
>
> - Cite algumas sugestões para que situações como essa não se repitam.
>
> - Esses hóspedes foram dopados e roubados. Você culparia o hotel, mesmo que parcialmente, por isso?

SITUAÇÃO 3

Hóspedes de comportamento instável causam diversos problemas a hotéis

Neste momento, vamos tratar de mais um problema que muitos hotéis vivem com alguns de seus clientes. Há hóspedes adictos de álcool e/ou de drogas ilícitas. Muitos não perturbam o dia a dia do hotel, e seu vício passa despercebido. Entretanto, vários usuários demonstram um comportamento alterado e, muitas vezes, violento, tornando-se um problema grave para o hotel resolver.

Relataremos, a seguir, duas histórias sucintas sobre como o comportamento alterado de um único hóspede pode desequilibrar a rotina de um hotel.

Em um hotel classificado com quatro estrelas de uma grande cidade do Brasil, dois homens hospedam-se em um mesmo quarto. Sem reserva, ingressam como **walk-ins**. Deixam, na recepção, seus cartões de crédito, com um alto valor **pré-autorizado**.

Com o passar dos dias, um deles começa a apresentar transtornos comportamentais. Muitas vezes, de difícil controle, cria problemas em diferentes setores do hotel. O primeiro ocorre no restaurante. Ele chega ao local com um cigarro aceso na boca. Quando o **maître** solicita que o apague, começa a reclamar, falando alto, dizendo-se um grande empresário e alegando ser alguém que não deva ser tratado daquela maneira. Furioso, desce à recepção e solicita a presença do gerente do hotel, que, depois de uma conversa de 30 minutos, consegue tranquilizá-lo.

No dia seguinte, no **business center** do hotel, no andar de convenções, o referido hóspede, mais uma vez, arruma problemas com a recepcionista do local, ao alegar que seu cartão de acesso à internet acabou antes do tempo previsto. Exasperado, deprecia a imagem do hotel diante de vários participantes de eventos que ali ocorrem. Por fim, deixa o local contrariado.

À noite, ao retornar da rua, desce do elevador no andar errado e começa a esmurrar a porta de um apartamento que julga ser o seu, sendo que, obviamente, seu **cartão-chave** não consegue abri-la. O quarto está ocupado por meninos de um grupo de uma grande escola estrangeira, que, assustados, ligam para a recepção. De imediato, o segurança sobe e, com muito custo, consegue convencer o hóspede de que aquele não é seu apartamento. No dia seguinte, o gerente "convida" os dois hóspedes a deixarem o hotel, e ambos acatam seu pedido.

Em outra situação similar, no interior de São Paulo, um hóspede tem crises persecutórias. Coloca o hotel inteiramente em estado de alerta, ligando, constantemente, para a recepção sob a alegação de que alguém tenta entrar em seu quarto. O segurança do hotel, prontamente, realiza rondas por todo o prédio, tentando localizar os possíveis invasores, mas nada é encontrado.

Em outras oportunidades, o hóspede insiste que há alguém dentro do armário de seu quarto. Em todas as ocasiões, o segurança vai até o local, abre os armários e nada encontra. Por fim, a situação chega ao ponto em que o cliente ameaça atirar-se pela janela – ele encontra-se hospedado no oitavo andar do prédio. Como primeira medida, um segurança fica de plantão dentro do quarto do cliente. Logo, contata-se a agência responsável pela reserva, que, por sua vez, solicita a presença de médicos e de uma ambulância. O hóspede é levado a uma clínica para tratamento mental.

Como se vê, os hotéis vivem situações diversas em seu cotidiano. Não há uma "receita de bolo" para lidar com casos como os relatados. Tudo pode variar de acordo com as condições e as atitudes dos clientes. De toda forma, é muito importante trazer exemplos práticos, como os que foram expostos, para que o estudante e o profissional tomem contato com o que poderão deparar-se no futuro, em seu dia a dia. O fato de já terem lido, refletido e debatido sobre o assunto poderá ajudar na tomada de decisão, ainda que a situação vivida nunca venha a ser exatamente igual àquela que se discutiu.

> ## *Para refletir*
>
> - De que forma você lidaria com um hóspede drogado ou com delírios de perseguição?
>
> - Que tipo de treinamento um hotel pode oferecer à sua equipe, a fim de que haja, sempre a postos, ao menos um profissional habilitado para casos extremos, como os que foram narrados?

SITUAÇÃO 4

Cliente hospeda-se em hotéis para furtar outros apartamentos

A situação relatada a seguir é semelhante a outra descrita em uma revista de Hotelaria há alguns anos.

Durante muito tempo, estranhos furtos vêm ocorrendo em apartamentos de um hotel do estado do Amazonas. Os pertences dos hóspedes sempre se encontram revirados, mas não há nenhum sinal de arrombamento e, em todas as ocasiões, a chave está em poder da recepção ou dos próprios hóspedes. Dessa forma, normalmente, a culpa recai sobre as arrumadeiras, uma vez que têm acesso a todos os quartos com a **chave mestra**.

Os roubos são esporádicos. Voltam a ocorrer a cada três ou quatro meses. Muito se especula, várias hipóteses são levantadas, alguns funcionários sobre os quais recaem suspeitas chegam a perder seus empregos, e nada adianta. O tempo passa e, de vez em quando, o roubo repete-se, não parecendo haver grandes chances de o mistério ser solucionado.

Um belo dia, porém, um comentário aparentemente sem importância de um recepcionista faz com que uma pista surja. Ao conversar informalmente com uma pessoa da equipe de Segurança do hotel sobre os famosos furtos, ele comenta achar curioso que, por coincidência, há um hóspede habitual do hotel que estava em todos os períodos dos mais recentes sinistros. Essa informação leva o segurança a pesquisar o fato. Ele faz uma relação dos sinistros e cruza com as hospedagens do cliente sob suspeita e, para sua surpresa, comprova que aquele indivíduo esteve presente no hotel todas as vezes em que houve furtos.

O cliente habitual em questão hospeda-se de quatro a cinco vezes por ano no hotel. Diz ser arquiteto e hospedar-se ali para "buscar inspiração" para seus projetos. É uma pessoa muito educada, simpática com todos os funcionários e que sempre paga corretamente seus gastos após o **check-out**. Enfim, um hóspede "quase perfeito".

Diante dos fatos, monta-se um esquema de vigilância especial para quando o referido hóspede voltar ao hotel. Cerca de três semanas depois, lá está ele novamente. Desta vez, seus passos dentro do estabelecimento são monitorados pelo departamento de Segurança. No terceiro dia de sua estada, o hóspede é flagrado roubando os pertences de um quarto que não era o seu.

A estratégia era bem simples. Toda vez em que se hospedava, ele procurava ficar em apartamentos distintos. Posteriormente, fazia uma cópia da chave dos quartos em que ficava hospedado. No retorno ao hotel, tinha as chaves de vários outros quartos, nos quais tentava a sorte.

Hoje, grande parte dos hotéis mais modernos utiliza chaves eletrônicas (**cartões-chave**), o que impossibilita a confecção de cópias (somente possíveis para a recepção). As chaves tradicionais estão sendo abandonadas. O **cartão-chave** tem uma infinidade de vantagens.

Em cada ingresso de um novo hóspede, o **cartão-chave** é gravado com uma senha exclusiva para a abertura do quarto, cuja validade é exatamente igual ao período de estada do hóspede. Logo ao sair, mesmo que deixe seu **cartão-chave** com outra pessoa, este não terá mais validade e não abrirá a porta. Outra vantagem é o fato de não conter o número do quarto impresso. Caso seja perdido ou roubado, o ladrão não saberá em que quarto o utilizar. O **cartão-chave** também oferece a possibilidade de ser cancelado a qualquer momento pela recepção, mesmo sem o ter em mãos. Além disso, a fechadura eletrônica tem um chip de memória, que registra, em média, as 50 últimas aberturas efetuadas, informando data, horário e identificação de qual **cartão-chave** foi utilizado, ou seja, o do hóspede ou o de uma arrumadeira. Em resumo: a situação é vista por todos os ângulos.

> ### *PARA REFLETIR*
>
> - Pesquise, em hotéis de sua cidade, que tipo de sistema de fechaduras é utilizado e quais recursos de segurança esses estabelecimentos oferecem a seus clientes.
>
> - Um ladrão que se hospede em um hotel ainda consegue ter acesso aos quartos dos hóspedes, mesmo com o sistema de **cartão-chave**? Em caso positivo, que medidas de segurança adicionais podem ser adotadas? Debata com seus amigos.

SITUAÇÃO 5

Assalto cinematográfico em hotel de luxo

Este caso, que ocorreu em um hotel de luxo na cidade do Rio de Janeiro, é mais um que atesta o sangue-frio de alguns ladrões especializados em roubar hotéis. A estratégia utilizada foi muito bem planejada e com margem de segurança muito pequena, na hipótese de algum imprevisto.

Diariamente, por volta das 11h30, chega ao hotel o carro-forte que leva o dinheiro arrecadado no dia anterior para o banco. A ação é costumeira e de conhecimento de todos. A cena repete-se todos os dias: o carro estaciona nos fundos do hotel, dois seguranças saem, passam pela segurança do estabelecimento sem que sejam interpelados e seguem para o segundo andar, onde se localiza o **Caixa Geral**. Lá retiram os malotes com o dinheiro, deixam um recibo com o funcionário do setor e retornam pelo mesmo trajeto, até entrarem no caminhão e seguirem viagem.

Após um feriado prolongado que se estendeu de uma sexta-feira à terça-feira seguinte, com o hotel lotado durante todo o período, os hóspedes encerram suas contas e voltam para seus lares. Todo o dinheiro arrecadado nesses cinco dias seguirá no carro-forte que virá na quarta-feira. No dia em questão, por volta das 11h20, dois supostos seguranças do carro-forte, devidamente uniformizados, ingressam no hotel e, como de praxe, apenas cumprimentam os seguranças e seguem para o **Caixa Geral**. Chegando lá, o funcionário abre a porta de acesso aos seguranças uniformizados e passa-lhes os malotes. Todavia, em vez de entregar os recibos, eles anunciam que se trata de um assalto e determinam que o funcionário desça com eles, para que não acione o alarme. Sem que ninguém perceba, o funcionário acompanha os falsos seguranças e sai do hotel, sem nenhuma interpelação.

Ao chegar à rua, rumam para uma das esquinas próximas ao hotel, onde já se encontra um carro à sua espera. Liberam o funcionário do **Caixa Geral** e desaparecem. Cinco minutos depois, o carro-forte chega com os verdadeiros seguranças. Tarde demais: todo o faturamento dos cinco dias foi levado embora.

Desse dia em diante, novos procedimentos foram implantados no hotel para que isso não ocorresse mais.

> **PARA REFLETIR**
>
> - O que você faria para evitar que tal sinistro ocorresse?
> - Quais foram as principais falhas cometidas pelo hotel?

SITUAÇÃO 6

LADRÃO FURTA MALA EM HOTEL COM FACILIDADE

O furto de malas pode ocorrer, com certa frequência, em hotéis cuja segurança seja vulnerável. Há inúmeras formas de um ladrão obter sucesso nessas investidas. Um dos golpes mais comuns consiste em trocar uma maleta do tipo executivo por outra semelhante e, enquanto um dos ladrões distrai a vítima, outro faz a troca. É corriqueira também a ação que se baseia na infiltração de criminosos no meio de um grupo que está de partida e, no tumulto, desviam-se malas. Na maioria das vezes, os roubos ocorrem principalmente por falha nos procedimentos de segurança do hotel.

O relato a seguir é sobre mais uma entre as inúmeras modalidades de roubo em que identificamos falhas no sistema do hotel.

Em uma bela manhã, em um hotel de médio porte com cerca de 200 quartos, além de salões para eventos, um hóspede que faz seu **check-out** na recepção sente falta de sua mala (dessas de couro, de porte médio, com alça especial para carregar facilmente como uma bolsa), que havia deixado com o mensageiro ao sair do elevador. Começa, então, a busca pela mala desaparecida.

Ao localizar o mensageiro, que, naquele momento, desce pelo elevador vindo de um **check-in**, o gerente de Recepção questiona sobre a mala. O funcionário informa que, após ter pego a bagagem da mão do cliente, deixou-a em um ponto estratégico do **lobby**, onde, normalmente, são deixadas as malas dos hóspedes que estão de saída, uma vez que há outro espaço definido para os clientes que estão chegando ao hotel. Após inúmeras tentativas de busca (verificam primeiramente no depósito, depois em alguns quartos que haviam feito **check-ins** recentemente, levantam os **check-outs** realizados etc.), nada é encontrado.

Resolvem, então, analisar as cenas gravadas pelo circuito interno do hotel. Ao assistirem às imagens, o gerente geral, o chefe da Segurança e o gerente de Recepção constatam que um homem bem vestido, utilizando um paletó sem gravata, havia-se apossado da referida mala e saído tranquilamente pela porta principal.

Analisando mais cuidadosamente as cenas e utilizando um maior número de câmeras, verifica-se que o referido "estranho" entrou no **lobby** do hotel sem ser indagado, seguiu para os elevadores sociais e dirigiu-se até o andar dos salões de eventos, que estavam trancados, pois as sessões já haviam começado. Depois, o indivíduo desceu as escadas, passando primeiramente pelo restaurante e, em seguida, encaminhou-se novamente para o **lobby**. Lá chegando, viu a bagagem "abandonada" junto à parede próxima à escada, pegou-a e seguiu em direção à porta principal. Nesse momento, o **capitão-porteiro** apenas perguntou se ele desejava um táxi, ao que ele respondeu não ser necessário, pois se dirigia a um outro hotel muito próximo dali.

Impressiona, nessa história, a facilidade com que o ladrão levou os pertences do cliente do hotel. Em um primeiro momento, sua intenção talvez fosse furtar algum equipamento da área de eventos (por exemplo, um *notebook* ou um *smartphone* deixado desprotegido no salão, enquanto seu proprietário e os demais participantes estivessem do lado de fora, durante o **coffee break**), mas não obteve êxito. Na descida pelas escadas, passou pelo restaurante em busca de alguma chance de realizar outra investida – os hóspedes costumam deixar suas malas de mão nas entradas dos restaurantes enquanto estão no café da manhã. Entretanto, foi somente chegando ao **lobby** que ele, finalmente, deparou-se com a oportunidade desejada, agiu imediatamente e obteve sucesso.

Essa situação apresenta uma série de falhas nos procedimentos de segurança do hotel. Primeiramente, a bagagem que fica posicionada no **lobby** enquanto o hóspede encerra sua conta, deveria ser mais bem vigiada do momento da chegada até sua saída do hotel. Não se pode deixá-la solta, imaginando que ninguém poderá pegá-la. Outro ponto é que nenhum hóspede pode deixar o hotel portando sua mala sem a liberação formal, habitualmente por meio de um cartão de bagagem concedido pela recepção. O mensageiro deve solicitar o cartão de bagagem ao cliente ou ir diretamente ao balcão da recepção e conferir o caso. Somente após a constatação do pagamento, a mala do hóspede pode ser liberada.

PARA REFLETIR

- Cite outras medidas que poderiam minimizar a vulnerabilidade que esse hotel demonstrou.

- Em sua opinião, malas como a da situação relatada, uma bolsa de viagem, deveriam ficar com o hóspede em vez de serem deixadas em determinado ponto do *lobby*? Por quê?

SITUAÇÃO 7

LADRÕES INGRESSAM EM LOBBY, TROCAM MALETA COM LAPTOP DE HÓSPEDE POR OUTRA IGUAL E DEIXAM RAPIDAMENTE O HOTEL

O caso a seguir ocorreu em um hotel de perfil corporativo, localizado no sul do país. As câmeras internas do estabelecimento registraram tudo, mas não evitaram a ação dos bandidos.

O *lobby* desse hotel, que não é muito grande, conta com um jogo de sofás de couro: um de três lugares e dois de um lugar somente. Sua distribuição é em forma de "U" e ficam próximos ao balcão da recepção. Enquanto os hóspedes de partida encerram as contas, suas malas costumam ficar posicionadas nas costas do sofá de três lugares. Entretanto, ninguém dá a devida atenção a elas, que, embora fiquem próximas dos recepcionistas, ficam também à mercê de ladrões.

Por volta das 10h, quando começam alguns **check-outs**, dois homens bem vestidos ingressam no *lobby*. Um deles, que porta uma maleta semelhante a que utilizamos para guardar *laptops*, senta-se perto do sofá maior, fingindo ler um jornal. O outro circula pelo *lobby* até se posicionar ao lado de um *display* que contém vários jornais, também para fingir que lê as notícias, quando, na realidade, analisa todo o ambiente e espera a oportunidade para o golpe.

Em um primeiro momento, ficam atentos a uma mala próxima ao segundo ladrão. Trocam sinais discretos. Todavia, quando se preparam para roubá-la, o hóspede pega-a e sai do hotel. Em seguida, o mensageiro chega com uma maleta de *laptop* e posiciona-a em cima de outra, no local de praxe, ou seja, atrás do sofá de três lugares. Em uma ação muito rápida, o ladrão que está sentado no sofá retira a maleta contendo o *notebook* e coloca a sua no lugar. Ambas são muito parecidas. Logo depois, saem do hotel sem chamar atenção.

Mais tarde, o hóspede, que também não percebeu a troca, precisa pegar algo no interior da maleta e só então constata o furto.

Esse caso é comum de ocorrer em **lobbies** de hotéis. Há uma vulnerabilidade enorme no tocante à administração desse tipo de serviço, que é a guarda de malas. Não importa se o hotel tem um **lobby** de grandes dimensões ou mesmo uma pequena área, como no exemplo do relato. O fato é que se faz necessário rever os processos e elaborar novos procedimentos, para evitar ocorrências afins.

> ***PARA REFLETIR***
>
> - Tal qual o caso anterior, esse relato demonstra, mais uma vez, a vulnerabilidade de um hotel. Não compensaria ter um funcionário a mais por turno somente para administrar essa guarda de malas? Em sua opinião, isso resolveria o problema?
>
> - Como o hotel deve proceder para pagar uma indenização ao hóspede que teve sua mala roubada?

SITUAÇÃO 8

SEGURANÇA AGRIDE CLIENTE QUE SE DIRIGIA A RESTAURANTE DE HOTEL, E OUTRO CONFUNDE HÓSPEDE COM GAROTA DE PROGRAMA

Em geral, nos hotéis, o quadro de seguranças é terceirizado. Esses profissionais, basicamente, protegem o patrimônio. Procuram verificar a entrada e a saída de funcionários, de clientes e de materiais diversos, além de observar as pessoas que circulam pelos ambientes do hotel. Apesar de, muitas vezes, utilizarem tecnologia de ponta, como câmeras, sensores de presença, radiocomunicadores e outros aparelhos semelhantes, eventualmente, podem cometer falhas de atenção ou até mesmo falhas decorrentes de excesso de precaução. Isso geralmente causa problemas para o gerente do hotel.

Confira, a seguir, dois casos referentes a esses excessos.

Um cliente, frequentador assíduo do restaurante do hotel, chega para almoçar em horário tardio e encontra-se um pouco alcoolizado. Na porta do hotel, está apenas o segurança, pois o **capitão-porteiro** foi à garagem guardar um veículo. Além disso, o segurança é novo naquele horário – trabalhava anteriormente no turno da madrugada.

Ao sair do carro, o cliente passa pelo segurança, entra no hotel e ruma para as escadas do restaurante. Notando que ele está embriagado, o segurança segue-o. Nos primeiros degraus da escada, o profissional intercepta o cliente e pergunta para onde ele vai. O homem responde que vai ao restaurante. O segurança, por sua vez, pensando tratar-se de alguém que criará problemas ao hotel, informa que ele não pode subir. Em seguida, começa um bate-boca: "O senhor sabe com quem está falando? Venho aqui há mais de 20 anos." E assim por diante. A discussão sai do controle e, em determinado momento, o segurança dá uma "gravata" no cliente e arrasta-o para fora do prédio.

Já na porta do hotel, o **capitão-porteiro**, que havia voltado, depara-se com a cena e pede para o segurança largar aquele homem, pois se trata de um cliente habitual do restaurante. Começa, então, a sucessão de desculpas. Alterado, o cliente exige a presença do gerente geral e solicita que o segurança seja demitido. Na tentativa de contornar a situação, o gerente geral retira o segurança da frente do hotel, sobe com o cliente até o restaurante e, mais uma vez, pede inúmeras desculpas.

Mais tarde, transfere o segurança de volta ao turno da madrugada, evitando, assim, que o cliente o reencontre.

No segundo caso, o segurança, ao ver uma mulher entrando no hotel, interpela-a quando esta já se encontra junto ao elevador. Inicialmente, pergunta se ela é hóspede, ao que ela responde que sim. Em seguida, pede seu cartão de identificação do hotel. Ela, no entanto, não consegue encontrá-lo em sua bolsa, embora informe o número de seu apartamento. Na falta de uma prova mais consistente, o segurança pede que ela se dirija à recepção para que seja identificada e provida de um novo cartão de identificação. Resolvido o problema, a mulher segue para seu apartamento.

Após 10 minutos, seu marido desce à recepção e, aos berros, quer afrontar o segurança por ter molestado sua mulher, comparando-a a uma garota de programa. Muito tumulto, xingamentos, e, mais uma vez, o gerente geral precisa entrar em cena para apaziguar os ânimos. Ele retira o segurança do **lobby**, senta-se no sofá ao lado do cliente e fica ouvindo-o até que se acalme. Em seguida, pede desculpas pelo ocorrido e tenta defender seu funcionário, explicando que ele apenas tentava garantir a segurança do estabelecimento e que, em momento algum, tinha comparado a esposa do cliente a uma garota de programa. Acrescenta que é praxe abordar pessoas bem vestidas, pois muitos estelionatários chegam ao hotel de terno ou com lindos vestidos. Solicita que o próprio segurança se desculpe com a hóspede e ainda efetua um desconto na conta do cliente como forma de retratação.

Esses são alguns dos casos que ocorrem diariamente e que envolvem a segurança de um hotel, que, muitas vezes, encontra-se em dúvida quanto a esse ou àquele cliente e, em outras, é ludibriado pela excelente aparência de um estelionatário. Os golpes estão em constante evolução. A mão de obra utilizada na segurança dos hotéis carece muito de treinamento no tocante ao relacionamento interpessoal e à postura. Todavia, em muitos casos, sua ação é crucial para evitar furtos no interior do hotel.

> **PARA REFLETIR**
>
> - Qual a melhor forma de lidar com pessoas com atitudes suspeitas que ingressem no hotel? Elabore um roteiro contendo ações que envolvam modos de abordagem e uma lista de perguntas.
>
> - Na dúvida, vale mais a pena permitir o acesso à pessoa de quem se suspeita ou agir como o segurança do segundo relato?

SITUAÇÃO 9

Quadrilha de funcionários clonava cartões de crédito em restaurante de hotel

Aqui, vamos contar mais um caso de clonagem de cartões dentro de um grande hotel, em uma das capitais brasileiras. Infelizmente, em situações assim, vê-se que profissionais são aliciados pelo crime e, por conseguinte, desperdiçam suas vidas pessoais e profissionais.

Certa manhã, o gerente de um hotel classificado com cinco estrelas recebe, de uma administradora de cartões de crédito, a reclamação de que ali estão sendo clonados cartões de seus clientes. A administradora explica que, com base em um cruzamento de dados, concluiu que o ponto em comum de uma grande parte dos reclamantes é precisamente o hotel.

Diante da denúncia, é iniciada uma investigação para identificar onde e como os cartões estão sendo clonados. A Polícia Federal é chamada para auxiliar e infiltra alguns de seus membros no hotel, de forma disfarçada, ora como hóspedes, ora como **passantes**, ou seja, clientes que utilizam, por exemplo, os serviços de restaurante ou de eventos do hotel sem se hospedar.

O tempo passa e começam a surgir as primeiras pistas. No entanto, com o intuito de pegar não somente um, mas toda a quadrilha, o processo investigativo continua. Duas semanas depois, o responsável pela investigação determina que sejam presos três funcionários: um deles é da área de Controladoria, outro é o caixa do restaurante, e o terceiro, o encarregado pelos bares do hotel. Além disso, conseguem também prender o receptador.

O processo era bem simples: os clientes que pagavam suas despesas em bares e restaurantes utilizando o cartão de crédito tinham seus cartões clonados por meio de uma "chupa-cabra" – uma máquina discreta, já mencionada neste livro, que copia dados –, a qual era guardada no bolso das calças dos funcionários citados. De acordo com as investigações, eles recebiam cerca de R$ 50 por cartão clonado.

Os três envolvidos tinham um bom tempo de casa e já haviam sido promovidos. Podiam ter êxito no plano de carreira da empresa, eram bons profissionais, pais de família, mas tudo mudou no momento em que resolveram envolver-se com o crime organizado. Suas fotos foram divulgadas pela imprensa, e todos foram demitidos por justa causa e presos.

São situações assim que surpreendem os gestores e, por conseguinte, abalam o clima organizacional. O gerente, nessa hora, não deve medir esforços para esclarecer tudo o que for necessário aos clientes, frequentadores e parceiros profissionais do hotel. Por mais que possa afetar a imagem da empresa, é melhor que as informações sobre o ocorrido partam dos próprios gestores, em vez de seus clientes saberem apenas pela imprensa ou por boatos.

Esse relato mostra que é necessário ter muita atenção dentro das empresas. Mesmo aparentando ser bons profissionais, os funcionários devem ser monitorados constantemente e avaliados de tempos em tempos, seja para eventuais promoções, seja para desenvolvimento profissional em busca de melhor desempenho. Muitas vezes, os funcionários entregam-se a esse tipo de crime por não se sentirem devidamente prestigiados dentro da organização. Já em outras, infelizmente, é algo que faz parte do caráter de cada um.

> **PARA REFLETIR**
>
> - Se você fosse um dos gestores desse hotel, como lidaria com a situação?
> - Que procedimentos podem ser implantados em um hotel para evitar tal situação?

SITUAÇÃO 10

QUADRILHA ATUA UTILIZANDO O MESMO MÉTODO EM SEIS HOTÉIS NO RIO DURANTE FERIADÃO

No feriado de comemoração da Independência do Brasil (Sete de Setembro), seis hotéis da Zona Sul do Rio de Janeiro foram vítimas de roubos pela mesma quadrilha e de forma semelhante. Os ladrões demonstraram conhecer bem os sistemas de controle de hóspedes dos hotéis. Os estabelecimentos, localizados na Praia de Copacabana e classificados com quatro e cinco estrelas, foram roubados, sequencialmente, a partir da quinta-feira, dia 7 de setembro.

Os criminosos infiltram-se entre os hóspedes no **lobby** dos hotéis vestindo roupas semelhantes às de turistas. Posteriormente, fingem utilizar o **house phone** (telefone existente no **lobby** dos hotéis que serve para guias e/ou visitas contatarem os hóspedes em seus quartos) e também buscar informações sobre passeios e restaurantes junto à recepção. Como são estrangeiros, possivelmente da América Latina em razão de falarem um castelhano muito limpo, isso os ajuda a envolver os recepcionistas em suas conversas. Em seguida, já ambientados com o movimento em geral e conhecedores de alguns acessos do hotel, rumam para o restaurante, enquanto é servido o café da manhã.

Na porta dos restaurantes de hotéis, há sempre alguém com a lista de hóspedes, recepcionando-os, para efeito de controle do café da manhã. Conforme os hóspedes chegam ao restaurante, é perguntado o número de seus quartos para conferência e, depois, são liberados para consumirem a refeição.

Neste relato, os ladrões dirigem-se ao recepcionista do restaurante e perguntam se determinado cliente (com um nome inventado) já teria saído de lá. Eles não informam o sobrenome do hóspede a quem procuram e afirmam ser amigos dele. Como é de praxe, hoteleiros sempre têm muito boa vontade em ajudar seus hóspedes e, de posse apenas do primeiro nome, fazem buscas na lista, que, por sua vez, é ordenada por sobrenome. Enquanto o recepcionista faz a busca, os ladrões também leem os demais nomes contidos na planilha e ainda identificam quais já passaram pelo restaurante e que agora já devem ter saído do hotel para realizar passeios ou mesmo para trabalhar. Quando o recepcionista encontra, eventualmente, algum hóspede com o nome sugerido pelos ladrões, eles fingem ligar para o apartamento e, se o cliente atende, apenas desligam.

De posse de alguns nomes e de seus respectivos números de quartos, os ladrões retornam à recepção, continuam a indagar sobre assuntos variados (passeios, museus, restaurantes etc.) e, em determinado momento, pedem a chave de um dos apartamentos que têm em mente, com base na lista de hóspedes que já deixaram o restaurante. Aqui, vale ressaltar que, se o recepcionista seguisse o padrão de segurança exigido, neste momento, questionaria o nome do hóspede para confirmar se, de fato, era o cliente em questão – o que, na verdade, pouco ajudaria, uma vez que os ladrões também já sabem o nome a ser informado. No entanto, a realidade é ainda mais fácil. Depois de um longo papo com um cliente "comprador" de serviços, a recepção entrega a chave sem questionar o nome do hóspede. Com efeito, envolver o recepcionista com um bom papo é uma das formas utilizadas pelos estelionatários na aplicação de golpes.

De posse da chave de um dos quartos, um dos ladrões segue para o apartamento. Lá chegando, procura objetos de valor entre os pertences do cliente e também arromba o cofre com o uso de um pé de cabra que traz em sua mochila. Em alguns casos, os ladrões chegam a arrancar o cofre da parede, colocando-o dentro de uma bolsa grande e, em seguida, saindo naturalmente pela porta do hotel.

Isso, no entanto, não é tudo. A quadrilha é muito mais audaciosa. Em dois dos hotéis roubados, os criminosos agem de tal forma que o próprio funcionário abre o cofre do apartamento do hóspede para eles. Nesse caso específico, assim se dá a situação: ao chegar ao quarto, o ladrão despe-se, molha os cabelos e fica de toalha. Em seguida, liga para a recepção, como se fosse o hóspede verdadeiro, e pede ajuda, alegando que seu cofre está com problemas para abrir. Como a chamada vem de um apartamento, o recepcionista nada percebe e aciona o gerente de Recepção para auxiliar o suposto hóspede.

Cumpre destacar aqui que, em alguns hotéis que têm cofres eletrônicos – como no caso de todos esses que foram roubados –, a gerência de Recepção fica com uma máquina que pode, eventualmente, abrir qualquer cofre que apresente problemas com a senha utilizada pelo cliente. Em outros, é o gerente de Segurança quem fica com essa responsabilidade. Independentemente de quem for utilizar a máquina, esses cofres contam com um sistema de auditoria interna, que pode identificar de que forma foi efetuado o uso da máquina, evitando, assim, certos atos de má-fé.

O gerente de Recepção vai, então, ao quarto do cliente e encontra-o apenas de toalha e com os cabelos molhados. O cenário encontrado por ele, seguramente, leva-o a não desconfiar de que se trata de um intruso. Assim, o gerente abre o cofre e sai do quarto. O ladrão retira tudo que é de valor do hóspede e deixa o hotel. Mais tarde, com a chegada do verdadeiro hóspede, toda a história é esclarecida.

Cada vez mais, criminosos elaboram estratégias bem pensadas, inteligentes, que põem em xeque e evidenciam a vulnerabilidade de muitos dos diversos sistemas de controle utilizados no mercado hoteleiro.

Primeiro, deve-se entender como a situação relatada pôde ocorrer em um hotel. Quais foram as falhas? De quem é a responsabilidade por elas? Depois, deve-se compreender como esses roubos se dão em dias seguidos, em vários hotéis próximos uns dos outros, sem que ninguém comunicasse os fatos aos demais hotéis, para que pudessem precaver-se. Por fim, é preciso pensar: o que se deve fazer para evitar situações assim?

Causas

A primeira causa, e talvez a principal, deve-se ao fato de que nós, hoteleiros, por vocação e formação, estamos sempre predispostos a atender bem um cliente. Procuramos fazer o melhor para que o cliente se encante com nosso hotel e seus serviços e, fatalmente, podemos ser envolvidos por estelionatários como os citados. Então, o que devemos fazer? Ser menos atenciosos e mais desconfiados? Certamente, essa não é a solução apropriada. Entretanto, é possível que, por meio da adoção de determinadas atitudes, a situação possa ser evitada. Confira, a seguir, uma sequência de atitudes que poderiam ter sido tomadas, seguindo a cronologia do caso relatado.

1. Sempre que houver alguém no balcão da recepção em busca de informações, procure identificar, no início da conversa, se se trata de um hóspede ou de um cliente de eventos, isto é, se utilizará algum salão de reuniões. Se for um hóspede, pergunte o número do apartamento. Caso seja um estelionatário, ele poderá dar um número qualquer e, ao perceber que está sendo "interrogado", procurará terminar a conversa e sumir do local. Se a pessoa informar que está em algum evento e você considerá-la suspeita, tente verificar, no departamento de Eventos, se, de fato, está no horário do intervalo. Normalmente, os hotéis têm um quadro na entrada do **lobby** que informa os nomes das empresas ligadas aos eventos e seus respectivos salões. Com essas informações, o estelionatário pode dirigir-se à recepção. Todavia, ele não saberá se o evento está ou não em um intervalo – o que justificaria sua presença no balcão. O evento pode, até mesmo, ter sido encerrado horas antes.

2. Na situação do restaurante, o recepcionista ou **maître** deve evitar que o suposto cliente, que pode ser um estelionatário ou simplesmente alguém com qualquer outra intenção ruim, tenha acesso à lista de hóspedes. Em vez disso, deve atendê-lo na busca pelo amigo, mas sem que se aproxime o suficiente a ponto de ler a lista.

3. O recepcionista deveria, em caso de suspeita, exigir não somente o nome do hóspede para confrontar com o existente no sistema mas também algum documento a mais, como o passaporte e o cartão de identificação fornecido pelo hotel. De qualquer forma, deve-se admitir que, não havendo suspeita, dificilmente o recepcionista chegaria a tal exigência, até por receio de constranger o hóspede.

4. Quando uma arrumadeira é metódica em seu trabalho e procura guardar a fisionomia de seus hóspedes do andar, pode até, em um golpe de sorte, ser a responsável por evitar um roubo. Já houve situações em que a arrumadeira, ao ver determinada pessoa ingressando no quarto, identificou não ser seu

hóspede e acionou a segurança do hotel. O resultado foi uma prisão em flagrante. No caso relatado, isso poderia ter ocorrido. Barulhos estranhos (como os causados ao arrancar o cofre da parede com um pé de cabra) poderiam também ter sido observados pela arrumadeira, que acionaria sua supervisora e/ou o departamento de Segurança do hotel.

5. No caso da abertura do cofre pelo próprio chefe da recepção, julgando que o estelionatário seria o verdadeiro hóspede, pode-se montar um procedimento em que se exija a assinatura do hóspede antes da abertura do cofre, para, em seguida, confrontar com a da **FNRH**.

6. Outros aspectos que também podem ser percebidos por recepcionistas, seguranças ou mensageiros são a demora de determinada pessoa no ***house phone***, um cliente circulando com uma mochila nas costas ou mesmo saindo com uma bolsa contendo um grande volume (como no caso do ladrão que levou um cofre).

Na realidade, todas essas ações sugeridas exigem muito treinamento e conscientização de cada funcionário. Todavia, se os hotéis tivessem interagido mais uns com os outros e tivessem comentado o ocorrido em suas unidades, existiria uma grande possibilidade de os ladrões terem sido capturados na tentativa seguinte de golpe. Infelizmente, o setor não compartilha muito suas falhas, temendo que o concorrente possa usá-las para macular a imagem do hotel que cometeu o erro.

PARA REFLETIR

- Discuta, com seus colegas de trabalho ou de sala de aula, algum relato semelhante que você tenha ouvido.

- Que tipo de estratégia pode ser aplicada em sua cidade para que os hotéis, ainda que concorrentes, sejam mais unidos e compartilhem informações relevantes como essas, que envolvem a segurança dos hóspedes?

Cases de
GERÊNCIA
GERAL

SITUAÇÃO 1

Hóspede estrangeira acusa arrumador por sumiço de colar de pérolas

Certa manhã, em um grande hotel da cidade do Rio de Janeiro, o gerente de Recepção é chamado por uma hóspede americana, que reclama do sumiço de seu colar de pérolas. Ela acusa o arrumador de tê-lo furtado.

Ao chegar ao quarto da cliente, acompanhado de um segurança e da governanta do hotel, o gerente pergunta como poderia ter havido o furto, uma vez que o quarto dispõe de cofre. Como de praxe, os bens de valor devem ser guardados em cofres, tal qual está registrado no **diretório de serviços** do hotel, exposto em todos os quartos. A hóspede afirma que deixou o cofre aberto apenas enquanto tomava o café da manhã no restaurante e que, nesse ínterim, o funcionário teria entrado e furtado seu colar de pérolas. Eis que, nesse momento, o arrumador aparece naquele andar. E a hóspede acusa-o, aos berros.

O gerente de Recepção questiona à hóspede se não existe a possibilidade de ela ter deixado o colar em outro local do quarto ou mesmo de o ter esquecido em casa. Essa pergunta a faz "explodir" de raiva. Ela reafirma, de forma efusiva, que o colar estava no cofre e que o arrumador o teria furtado.

Seguindo o protocolo, o gerente comunica que terá de fazer uma verificação em todo o quarto, com a governanta, a fim de garantir que o colar não esteja ali. Meio contrariada, a hóspede permite que seja feita a verificação e, infelizmente, nada é encontrado. No entanto, um detalhe chama a atenção do gerente: a senhora está acompanhada de seu marido, que, em momento algum, demonstra qualquer reação ao que ocorre. Em vez disso, permanece, todo o tempo, sentado na cama, apenas prestando atenção aos relatos e às ações dos envolvidos.

O gerente fica com a impressão de que o marido não acredita na história do furto ou de que aquele tipo de cena não seria inédita para ele.

Ao descer, o gerente comenta sobre a sua percepção com a governanta e com o segurança; em seguida, vai para sua sala refletir sobre o ocorrido. Após alguns minutos, retorna sozinho ao quarto da hóspede e pergunta, mais uma vez, se ela está certa de ter trazido seu colar de pérolas e se não havia passado em algum lugar antes de chegar ao Rio de Janeiro. A hóspede, novamente, diz uma série de desaforos, mas informa o nome do hotel em que esteve, em Buenos Aires, antes de vir para o Brasil.

O gerente, então, entra em contato por fax com o hotel argentino, informando que talvez sua hóspede tenha deixado um colar de pérolas naquele estabelecimento. Trinta minutos passam-se, e chega um fax em resposta com a seguinte informação:

Prezado Senhor,
Informamos que a sra. XXXX deixou seu colar de pérolas no interior do cofre de um apartamento de nosso hotel. Contatamos a agência nos Estados Unidos, mas informaram-nos que a hóspede se encontra ainda viajando e eles não têm como a contatar. Peço que a informe sobre essa situação e nos diga para onde devemos enviar seu colar de pérolas.

O gerente de Recepção, sozinho em sua sala, chega a rir, tamanho o alívio que sente. Com o fax em mãos, redigido em inglês, retorna ao quarto da hóspede americana e pergunta-lhe quantos colares de pérolas ela trouxe nesta viagem. Sem entender, ela responde que foi somente um, aquele que havia sido furtado. O gerente, então, entrega-lhe o fax do hotel argentino.

Após ler o documento, a senhora começa a desculpar-se e informa que gostaria de dar um valor de indenização ao arrumador pelo constrangimento que lhe causou. Um fato curioso: ao longo de mais essa cena, o marido continuou sentado na beira da cama, ouvindo tudo que falavam, sem demonstrar nenhuma reação.

Esse é mais um dos casos em que o hóspede insiste em afirmar que seu pertence estava em determinado local, quando, na realidade, estava em outro. É necessário ter sempre muita calma ao lidar com situações como essa.

> ## *Para refletir*
>
> - Em sua opinião, em casos assim, é justo o hotel processar o hóspede por calúnia? Você faria isso?
>
> - E, quanto ao funcionário que foi hostilizado, o que o hotel poderia fazer para reparar o erro?

SITUAÇÃO 2

Funcionário de multinacional viajando em férias alega terem sumido pertences em seu quarto de hotel, registra queixa em delegacia e ameaça cancelar contrato entre as empresas

Como relatado em outros casos, é bastante comum hóspedes alegarem ter tido alguns de seus pertences furtados do interior de seus apartamentos. Este caso é mais uma dessas situações, com um agravante: desde o **check-in** do hóspede, na noite anterior, ninguém, nem mesmo a arrumadeira, entrou em seu quarto.

Em uma noite estrelada de março, um hóspede dá entrada em um hotel de Vitória, no Espírito Santo, acompanhado de sua mulher. Ele é um funcionário antigo de uma multinacional com a qual o hotel mantém uma relação. Neste momento, encontra-se viajando pelo Brasil em férias. Seu plano é ficar somente uma noite no hotel; logo, o quarto não será arrumado na manhã seguinte. (Esse é o padrão nos hotéis para uma única diária, embora, em alguns casos, quando se sabe que o horário da saída do hóspede será mais tarde, pode-se arrumar o quarto ou, ao menos, trocar as toalhas do banheiro.)

Por volta das 9h do dia seguinte, o casal vai à praia em frente ao hotel. Quando retorna, o cliente sente falta de US$ 100 que estariam em sua carteira, a qual ficou sobre o armário do quarto. Contata, então, o gerente de Recepção e comunica o fato. O gerente, por sua vez, dá-lhe a devida atenção e solicita que procure em outros locais, com calma, ou que tente puxar pela memória, para, eventualmente, lembrar-se de outro destino que possa ter dado a esse dinheiro.

Alguns minutos depois, o hóspede liga novamente e afirma que, além dos US$ 100, agora também sente falta de um relógio de estimação, que ganhou ao completar 20 anos de trabalho em sua empresa.

Diante do quadro, o gerente de Recepção inicia suas buscas. Primeiramente, acompanhado da governanta, vai até o quarto do hóspede. Chegando lá, constata inúmeras bagagens fechadas, as quais, possivelmente, poderiam conter os objetos supostamente subtraídos. Depois, segue os trâmites normais de investigação naquele hotel.

Por ser eletrônica, a fechadura do quarto registra toda e qualquer abertura efetuada. Todo **cartão-chave** é personalizado, identificando também seu usuário. Após verificar a memória do chip da fechadura, certifica-se de que somente os **cartões-chave** dos hóspedes abriram a porta. Logo, teoricamente, nenhuma pessoa estranha teria tido acesso ao quarto. Além disso, trata-se de um quarto de frente, em andar alto, sem varandas nem comunicação com outro quarto, o que impossibilitaria o acesso por meio externo. A única possibilidade seria os hóspedes terem deixado a porta encostada, sem a fechar com o trinco, e alguém ter entrado no apartamento, caso em que não haveria registro na fechadura. Infelizmente, por não haver câmeras nos andares, essa possibilidade não pode ser averiguada.

Mesmo depois de todas as explicações sobre os procedimentos de controle do hotel, além do lembrete de que todos os apartamentos contam com cofre para a guarda de valores, o hóspede não aceita as justificativas, afirmando que os seus bens haviam sido furtados no interior do hotel. Por conseguinte, dirige-se à delegacia mais próxima e efetua o registro da suposta ocorrência. Acrescenta que fará também uma reclamação em sua empresa, para cancelar o cadastro do hotel.

Situações como essa realmente complicam a vida de um hotel. O fato é que, mesmo que se comprovasse o furto, esse somente poderia ter ocorrido por imprudência do cliente, ao ter deixado a porta aberta, permitindo, assim, o acesso de qualquer pessoa mal-intencionada (incluindo outros hóspedes). Além disso, o casal estava visitando várias cidades do Brasil e com muitas bagagens. O furto ou a perda dos bens poderia ter sido em outro local. Nessa hipótese, o casal apenas teria dado falta dos bens durante sua estada no hotel. Em resumo: por falta de organização e eventual negligência de um hóspede, o hotel ainda passou a correr o risco de perder uma grande conta. O processo em questão não teve continuidade.

> **PARA REFLETIR**
>
> - O que você faria se fosse o gerente desse hotel e vivenciasse uma situação como a descrita?
>
> - Até que ponto os hotéis podem ser penalizados por esse tipo de ocorrência?

SITUAÇÃO 3

HÓSPEDE RECLAMA AO ENCONTRAR HOMENS NUS NA SAUNA MISTA DO HOTEL

Hotéis que trabalham com mercados diversificados correm o risco de ter de lidar com conflitos motivados por diversidades culturais. Em alguns países, a liberdade é limitada; em outros, há liberdade em excesso; e há, ainda, os sem liberdade alguma. Todavia, há hóspedes que se esquecem de que não estão em sua pátria e exigem que se cumpra a moral de seu país de origem.

Um dos problemas típicos que ocorrem nos hotéis refere-se ao uso das áreas de lazer, como piscinas, salas de ginástica, salão de jogos, banheiras de hidromassagem e, principalmente, saunas; quando mistas, ou seja, para uso de ambos os sexos, o problema agrava-se ainda mais. Hóspedes mais liberais chegam à sauna de toalha e lá a retiram, ficando com seus corpos totalmente expostos. Os hotéis, em geral, expõem as normas de forma visível nesses locais de lazer, esclarecendo que os hóspedes devem respeitar certos preceitos morais e que as regras estabelecidas pelo hotel servem a todos.

O caso em questão ocorreu em um grande hotel do Rio de Janeiro, que oferece aos hóspedes uma sauna a vapor e outra seca, com acesso livre a ambos os sexos.

> Por volta das 20h, um hóspede colombiano chega, aos brados, na recepção do hotel, exigindo a presença do gerente. Prontamente atendido pelo gerente de plantão e agora mais calmo, o turista conta que, 30 minutos antes, foi utilizar a sauna a vapor com sua filha, uma jovem de 18 anos de idade. O vapor era muito intenso e pouco se via dos demais hóspedes que lá estavam. Procurou, então, um lugar vago e sentou-se, acompanhado da moça. Ao acostumarem seus olhos ao vapor da sauna, pai e filha constataram que havia ali outras seis pessoas, sendo que dois homens e duas mulheres estavam completamente

nus. Quando se deram conta da situação, retiraram-se do local. Por esse motivo, o hóspede estava agora reclamando com a gerência.

O gerente de plantão, após ouvir o relato do hóspede, segue para a sauna e, lá chegando, esclarece aos hóspedes, ainda nus, que, conforme explicitado no regulamento do hotel, não podem permanecer dentro da sauna naquelas condições. O gerente é prontamente atendido por todos, que se vestem e saem do local. Com a situação contornada, o gerente pede desculpas ao hóspede colombiano, que também não mais retorna à sauna.

As diversidades culturais, constantemente, colocam-nos diante de problemas. É essencial que gestores de hotéis procurem absorver um pouco da cultura dos diferentes povos que frequentam o hotel e que transmitam esse conhecimento a seus colaboradores. Dessa forma, problemas dessa ordem poderão ser minimizados.

> **PARA REFLETIR**
>
> - Pesquise sobre algumas diversidades culturais excêntricas e imagine situações com as quais poderá lidar um dia. Indique também que providências poderão ser tomadas para contorná-las.
>
> - No caso relatado, haveria algo a mais que o gerente pudesse fazer?

SITUAÇÃO 4

Jovem gerente geral de hotel enfrenta uma série de problemas

No decorrer da minha carreira, tive a chance de testemunhar muitas situações inusitadas, tanto na gerência de Recepção, como, mais tarde, na administração de hotéis. Um dos momentos de que mais me recordo foi vivenciado na cidade do Recife, em Pernambuco, como gerente geral de hotéis.

Já como Gerente Geral, administrei no Rio de Janeiro, um pequeno hotel, com 70 quartos, classificado com três estrelas. Seis meses depois, na mesma rede de hotéis, fui promovido a um cargo melhor em um hotel classificado com quatro estrelas, de frente para a Praia de Copacabana e com 112 quartos.

Enquanto ainda me surpreendia com minha ascensão meteórica, fui chamado pelo diretor de operações da rede hoteleira em que trabalhava. Ele me pediu para ir ao Recife trabalhar, interinamente, em dois de seus hotéis, durante o período de férias do gerente geral. Esclareceu-me que eu iria em junho, mês de **baixa temporada**, e que dificilmente teria algum problema grave para resolver. Seria como se eu também estivesse de férias. Acrescentou que lá raramente chovia, e eu teria a oportunidade de aproveitar bastante o "passeio". Animado com a oportunidade de conhecer aquela cidade, acatei a solicitação e programei-me para a viagem.

Os dois hotéis ficavam na Praia de Boa Viagem e somavam por volta de 500 quartos. A distância entre eles era de cerca de 5 quilômetros. Enquanto um dos hotéis me serviria de residência, o outro se resumia aos assuntos administrativos.

Bem próximo à data da viagem, fui novamente chamado pelo diretor de operações, que resolveu esclarecer-me alguns pontos que eu desconhecia sobre a situação em que se encontravam os hotéis. Ele me informou que, pouco tempo antes, haviam desbaratado uma quadrilha de funcionários que desviava verbas do hotel principal, entre outros tipos de roubo. Acrescentou que já haviam demitido quatro pessoas por justa causa, mas que, se ainda houvesse outros funcionários envolvidos na trama, eu teria carta branca para também os demitir. Complementou dizendo que o gerente geral titular do cargo tinha sido ameaçado de morte e, por isso, estava sendo afastado, temporariamente. Essas informações me deixaram preocupado, mas não desisti do desafio. Dias depois, estava viajando para o Recife.

Cheguei à capital pernambucana tarde da noite. Caía um grande temporal na cidade. As ruas pelas quais passei, no caminho do aeroporto para o hotel, estavam alagadas, o que dificultava a passagem dos carros. Ao chegar ao hotel, acomodei-me em um bom quarto e, cansado, fui dormir.

No dia seguinte, ao me dirigir ao restaurante para o café da manhã, notei que a chuva forte continuava lá fora. Terminada minha refeição, peguei um táxi e fui para o outro hotel, onde conheceria os gerentes departamentais e os demais responsáveis pelos dois estabelecimentos.

Enfim, cheguei ao meu local de trabalho. Conheci meus novos colegas, fiz uma ronda por todo o hotel e iniciei minhas atividades. Nos primeiros dias, nada de grave ocorreu, com exceção de problemas gástricos, que tive por não estar habituado aos temperos locais.

Estudando a ocupação para os dias posteriores, constatei que, nos dois hotéis, havia previsão de **overbooking** para a terceira semana daquele mês. Analisando com mais profundidade, notei que haveria um grande congresso no mesmo período. Pedi, então, que fossem revistos todos os processos de reserva que coincidiam com a data do congresso para evitar problemas posteriores. Mal sabia que ali começariam os meus problemas.

Três dias antes do início do congresso, o **overbooking** estava controlado, os quartos que se encontravam em manutenção estavam sendo liberados – tudo parecia caminhar para uma operação sem anormalidades. Um dia antes do evento, porém, quando praticamente todos os hóspedes chegariam ao hotel, os rodoviários começaram uma greve na cidade, sem previsão de término. A situação era a seguinte: não havia transporte público na cidade para trazer os funcionários de casa para os hotéis nem quartos suficientes para eles pernoitarem no local de trabalho. Além disso, naquela época, não existiam as famosas *vans*, presentes em algumas cidades. A saída foi alugar alguns veículos, do tipo perua, com motoristas, para levar e trazer ao trabalho todos os funcionários que dependiam de transporte público.

Apesar de tudo, a semana transcorreu dentro do aceitável, mesmo sem o fim da greve dos rodoviários. O último dia do congresso era na sexta-feira, mas a maioria dos hóspedes somente deixaria os hotéis no sábado.

Naquela época, Recife tinha interrupções constantes no fornecimento geral de energia elétrica, que duravam até três ou quatro horas. Por essa razão, quase todos os hotéis de médio e grande portes contavam com geradores movidos a óleo diesel. Era comum, de três a quatro vezes por semana, os geradores serem acionados. Os hotéis que se encontravam sob minha administração tinham geradores com partida automática, ou seja, ao ser interrompida a energia, em 30 segundos, entravam em funcionamento de forma automática, produzindo energia para atender, praticamente, a todo o hotel.

No sábado seguinte ao término do congresso, por volta das 6h30, faltou energia elétrica na cidade, e o gerador do hotel principal sob meu comando não entrou em funcionamento. Mesmo com as tentativas para o acionar manualmente, não se obteve êxito.

Os hóspedes, então, começaram a sair de seus quartos e não tinham como descer pelos elevadores. Eram 16 andares de escadas para quem estava no último pavimento do prédio. A confusão começava a formar-se. Hóspedes revoltados chegavam suados à recepção, trazendo consigo suas malas. Por volta das 10h, quando a energia foi restabelecida, os hóspedes remanescentes saíram sem grandes problemas, mas, no tumulto do início da manhã, 25 hóspedes saíram sem pagar a conta.

Fizemos, posteriormente, contato com as empresas que haviam solicitado as reservas desses 25 hóspedes e conseguimos a autorização de todas para o faturamento das despesas pendentes.

Após todas essas ocorrências, eu só me lembrava do meu diretor dizendo, antes da viagem, que tudo correria sem problemas e que eu sentiria como se estivesse de férias.

Esta foi uma grande lição que aprendi nos primeiros anos como gerente geral: em situações que fogem ao planejamento, é necessário saber improvisar, mantendo a cabeça fria e o profissionalismo. Por fim, os problemas para os quais eu havia sido alertado, relacionados à corrupção, não se comprovaram em minha gestão. Em vez disso, foi preciso lidar com toda sorte de dificuldades não previstas.

> **PARA REFLETIR**
>
> - O que você faria em meu lugar se se deparasse com uma situação similar a uma das aqui apresentadas?
>
> - Em sua opinião, é correto deixar o hóspede sair sem pagar a conta sob a alegação de haver sérios problemas no hotel em seu dia de partida?
>
> - No episódio da falta de energia, quem deve ser responsabilizado: a concessionária, por ser responsável pela interrupção no fornecimento de energia elétrica, ou o gerente de Manutenção, pelo fato de o gerador ter apresentado problemas na hora em que mais se precisou dele?

SITUAÇÃO 5

Hotel transforma potencial fonte de insatisfação para hóspedes em novo modelo de sucesso

Certa vez, fui designado para gerenciar um hotel recém-adquirido pela rede na qual trabalhava. O novo prédio, que era de frente para a Praia de Copacabana, encontrava-se em condições precárias, e uma reforma foi iniciada.

Na ocasião, um dos diretores, também proprietário, sugeriu que o espaço ocioso existente em cada andar fosse transformado em uma nova unidade de hospedagem. Projetou-se, assim, um novo apartamento por andar. Esse novo quarto teria dimensões reduzidas, próprias para a hospedagem de apenas uma pessoa; na realidade, acomodava uma pequena cama de casal e teria também uma vista interna, voltada para uma área de ventilação do prédio.

Ao término da obra, recebi um verdadeiro "presente de grego", pois os dez novos apartamentos de fundos, supostamente, deveriam alojar turistas, sendo que muitos, obviamente, tinham a intenção de ver o mar. Para piorar, o espaço era tão exíguo que mal dava para acomodar malas no chão ou para mover-se com algum conforto pelo quarto. No entanto, geralmente, boas ideias nascem justamente de momentos desfavoráveis e sob pressão. Comigo, não foi diferente.

Apesar de a minha experiência ser, naquela época, mais voltada para o segmento de mercado de turismo internacional, diante daquele quadro, idealizei o "apartamento estúdio", com uma estação de trabalho que continha uma bancada, um computador com os principais *softwares*, acesso à internet banda larga, *no break*, impressora a jato de tinta e, ainda, uma TV, um aparelho de DVD e materiais de escritório. A proposta era que aquele se tornasse um modelo destinado ao segmento corporativo.

A ideia foi aprovada pela diretoria, e o novo modelo foi desenvolvido. Nos primeiros quatro meses, incentivávamos nossos hóspedes corporativos a hospedarem-se naqueles quartos, para que dessem sua opinião sobre o modelo e fizessem críticas e sugestões. Posteriormente, o modelo revelou-se um sucesso.

Contudo, infelizmente, a inovação geralmente também vem acompanhada de uma série de problemas, e não foi diferente com os apartamentos do tipo estúdio. Com o passar dos meses, constatamos que havia algumas falhas em nosso sistema de acompanhamento desses quartos. Quando um hóspede efetuava o **check-out**, o máximo que a arrumadeira fazia era verificar se o computador e os periféricos estavam lá e se não estavam quebrados. Mas descobrimos que, em alguns casos, os hóspedes levavam o cartucho de tinta da impressora; em outros, chegavam a trocar o disco rígido por outro mais velho e muitas outras situações semelhantes. Havia também a necessidade frequente de reconfiguração do sistema, uma vez que muitos hóspedes mudavam as configurações-padrão do computador para as suas pessoais. Muitos deixavam imagens pornográficas como papel de parede... A gota d'água ocorreu quando um de nossos hóspedes abriu o computador e colocou, em local estratégico, o lacre de uma lata de cerveja, de forma que a máquina, ao ser ligada, entrasse em curto-circuito e queimasse a placa-mãe.

A partir desse momento, adotou-se uma infinidade de precauções, por exemplo, cadeados especiais foram instalados no computador e na tampa da impressora, evitando, assim, que fossem abertos. Outra medida foi referente a um programa que recupera as configurações padronizadas tão logo o hóspede ligue o computador, ou seja, ele até consegue fazer diversas alterações, mas, ao desligar e religar a máquina, as mudanças são removidas, restaurando tudo o que é padrão.

Essa é uma situação na qual um problema foi transformado em uma oportunidade de criar um novo modelo, e de sucesso. Além disso, aprendemos que mesmo os modelos de sucesso precisam ser revistos e acompanhados, pois sempre podem ser aperfeiçoados, uma vez que só a prática nos mostra as fragilidades a serem corrigidas.

> **PARA REFLETIR**
>
> - Se você vivenciasse uma situação semelhante (a criação de um novo quarto sem grandes incentivos para a venda), o que faria para torná-lo mais atraente ao mercado e um modelo de sucesso?
>
> - Imagine essa situação em outra parte do hotel. Suponha que, próximo à recepção, na entrada do hotel, haja uma área de cerca de 80 metros quadrados na qual se pode criar algum tipo de atrativo, como uma pequena boate, uma loja de conveniências, um salão para reuniões etc. Observe que o hotel recebe tanto o público corporativo como o segmento de turistas nacionais e internacionais. Quais seriam suas propostas para a diretoria do hotel otimizar essa área?

SITUAÇÃO 6

Soluções de baixo custo reposicionam hotel no mercado

Muitas vezes, deparamo-nos com a premência de inovar nossos serviços para que possamos nos manter no mercado, usando muito mais a criatividade do que volumosos recursos financeiros. Isso passa a ser necessário, principalmente, quando seu negócio se encontra defasado, não tendo muitos atrativos nem capital para o **retrofit** – processo de restauração e modernização de máquinas, equipamentos e mobiliários.

É nessa hora que a capacidade de um bom gestor inovar com poucos recursos apresenta-se de forma efetiva. Surge, por exemplo, uma ideia simples: modificar a pintura dos quartos colocando painéis com cores diferentes nas paredes das cabeceiras das camas. Se o apartamento fosse pintado, em sua totalidade, utilizando apenas uma cor, o cliente talvez não notasse a mudança. Já o painel tende a causar mais impacto na percepção do cliente. Outra opção é decorar com peças adquiridas a baixo custo, como quadros, artigos de artesanato, luminárias e outros artefatos semelhantes.

No caso a ser relatado, além dos recursos citados, o gestor aproveitou o fato de o hotel ser da década de 1950 e estar diretamente ligado à história da bossa nova no Rio de Janeiro, para criar certas inovações relacionadas ao tema.

Rio de Janeiro, Praia de Copacabana, um dos hotéis mais antigos da cidade. Outrora com elevadas ocupações, era procurado para a realização de grandes eventos sociais, como festas de casamento, de 15 anos e outras. O tempo passou, e o que era clássico passou a ser apenas antigo e tornaram-se necessárias modificações para manter o hotel dentro do mercado. Ao longo do tempo, muitos hotéis modernos surgiram e foram deixando esse estabelecimento para trás. Embora passasse, constantemente, por manutenção preventiva (pinturas em geral), o mercado tinha novas exigências que o hotel não atendia, como acesso à internet nos quartos, sala de ginástica, salões para eventos comerciais e modernização de móveis em geral.

Por fim, o hotel é vendido a uma rede, que trata de fazer algumas melhorias de imediato, trazendo-o para o mercado outra vez. O projeto é mantê-lo em funcionamento por cerca de dois anos, quando será fechado para reforma total.

Todavia, dois, três, cinco, sete anos passam-se, e nenhuma reforma é realizada. Os grandes problemas ainda persistem e se agravam: dificuldades com condensação de ar-condicionado, janelas que não isolam o barulho da rua, banheiros desgastados e que conferem um aspecto ruim ao ambiente, elevadores pequenos e a necessidade de troca de grande parte das tubulações. O hotel volta a perder mercado.

Não podendo fazer grandes transformações, uma vez que o projeto de fechamento ainda está mantido para, no máximo, dois anos adiante, o gestor busca alternativas para oferecer uma sobrevida ao hotel sem a necessidade de grandes gastos.

Inicia-se, então, um trabalho de pintura dos quartos, criando painéis com cores distintas na parede das cabeceiras das camas. Nos corredores dos andares, a parede perto do elevador também recebe a mesma cor dos painéis, criando uma identidade para o andar, ou seja, ao chegar ao andar, bastava o hóspede notar a cor da parede junto ao elevador e já saberia que seria a mesma cor dos painéis dos quartos. Parece algo simples, mas, hoje, com o uso de **cartões-chave**, em que não há o número do quarto inserido, muitas vezes, o hóspede desce por engano em um andar que não é o seu e tenta abrir o quarto errado. Com a variação de cores nos painéis e na parede junto ao elevador, essa identificação fica mais fácil.

Essas ações ajudam, mas não são suficientes para atender os clientes. Faz-se necessária a criação de novos atrativos. É quando se elabora o projeto Bossa Nova. A ideia surge pelo envolvimento do hotel com esse momento da música brasileira. Muitos cantores e compositores ligados à bossa nova frequentavam o hotel em seus áureos tempos. Há "lendas" sobre certas músicas desse período grandioso que teriam sido compostas no bar do **lobby** ou na cobertura desse hotel.

O projeto Bossa Nova consiste em dar, a cada andar de quartos do hotel, o nome de um dos cantores famosos daquele período. Em cada corredor, há um quadro com uma breve história sobre a vida do cantor e, além disso, cada porta de quarto tem o nome de uma de suas canções. Por exemplo, no andar Tom Jobim, uma das portas tem o nome "Samba de uma nota só". Além disso, ao criar o centro de convenções, o hotel batiza seus salões com os nomes de ícones da bossa nova, como Vinicius de Moraes, Baden Powell, Tom Jobim, Nara Leão, entre outros.

Dessa forma, a propaganda boca a boca espalha-se e cria-se, de fato, um verdadeiro atrativo para o hotel.

É importante ressaltar que toda inovação tem seu tempo de vida útil. O gestor deve estar sempre planejando novas ações para manter seu negócio em destaque no mercado. Como comentado, muitas dessas atividades podem ser realizadas com poucos recursos, o que, por sua vez, exige muita criatividade. Por isso, é imprescindível sempre investir em todos os recursos humanos da empresa, pois esses, com certeza, poderão auxiliar no desenvolvimento de ideias.

> **PARA REFLETIR**
>
> - Seguindo a premissa de vincular a imagem do hotel à bossa nova, sem grandes investimentos, que outros atrativos você acredita que o gestor poderia ter criado, além dos mencionados?
>
> - Cite outras ações voltadas para a revitalização de um hotel que possam ser realizadas com poucos recursos.

SITUAÇÃO 7

Planejando festas de Ano-Novo em hotéis

Dependendo do porte do hotel e da variedade de eventos passíveis de realização no dia 31 de dezembro, pode ser uma árdua tarefa montar a operação dessa festa.

Usando como exemplo um hotel classificado com quatro estrelas do Rio de Janeiro, confira, a seguir, as ações a serem desenvolvidas rumo ao sucesso da operação. Eis o cenário: o hotel conta com quatro áreas distintas para a realização de festas e ainda dez suítes, nas quais também ocorrerão, simultaneamente, festas privativas. Todas as áreas serão vendidas da forma apresentada abaixo.

Cobertura

Será vendida a um único comprador, que poderá levar até 80 pessoas ao evento. Trata-se do ponto mais nobre do hotel.

Centro de convenções

Localizado no terceiro andar, com excelente vista para a praia, dispõe de 200 lugares. As mesas serão distribuídas de acordo com a venda (mesas de 4, 5, 8, 10 e 12 lugares).

Restaurante principal

Localizado no segundo andar, com boa vista para a praia e 200 lugares distribuídos em mesas para diversas quantidades de pessoas.

Salão do *lobby*

Localizado no térreo, de frente para a praia e ligeiramente acima do nível da calçada externa. Tem capacidade de 130 lugares.

Suítes

Dez suítes, que poderão receber até 20 convidados cada uma, contando com o serviço de ceias privativas.

Normalmente, o que se oferece em uma festa de Ano-Novo é uma grande ceia temática com bebidas inclusas, em sistema de **open bar**, além de música ao vivo e DJ para os intervalos das bandas.

Para que toda essa operação transcorra corretamente, a gerência precisa iniciar os preparativos com cerca de sete meses de antecedência. A seguir, estão enumeradas algumas ações que a gerência executa ou delega aos departamentos responsáveis, a serem realizadas durante os meses que antecedem as festas.

- Definir preços a serem cobrados em cada **ponto de venda** distinto.
- Solicitar, ao *chef* de cozinha, a elaboração de menus específicos para as ceias do dia 31 de dezembro.
- Divulgar, ao departamento de Vendas, todos os **pontos de venda**, para que este auxilie, sobretudo, na locação da cobertura e das suítes.
- Proceder à confecção de convites com cores distintas, a serem entregues aos que adquirirem as ceias nos pontos citados, com exceção da cobertura e das suítes, que recebem um tratamento diferenciado.
- Contratar bandas e eventuais DJs para o entretenimento dos clientes.
- Providenciar a confecção de pulseiras coloridas com lacre inviolável, muito utilizadas em grandes festas, para exercer o controle de entrada e saída dos convidados. A cor define o acesso que cada cliente pode ter.
- Enviar **malas diretas** promovendo as festas.
- Com a proximidade do evento, se necessário, publicar anúncios em mídia especializada (matérias publicitárias em cadernos especiais sobre as festas de Ano-Novo da cidade, divulgação em redes sociais, *outdoors* etc.).
- Pode-se também criar um sistema de informação constante por meio de lâminas promocionais a serem entregues a todos os clientes de eventos, nos últimos quatro meses que antecedem as festas.
- Realizar inventários dos materiais à disposição (pratos, copos, talheres, *réchauds* etc.) e, havendo necessidade, comprar o que está em falta.
- Contratar garçons extras para a festa.
- Alugar móveis, utensílios e equipamentos, como cadeiras, mesas, toalhas, guardanapos, jogos de luz, sonorização, entre outros que se fizerem necessários.
- Solicitar a confecção de arranjos de flores, de bolas coloridas e outros artefatos a serem utilizados na decoração dos eventos.
- Elaborar, com todos os departamentos, ações operacionais que deverão ser realizadas durante a festa: funcionários específicos responsáveis pelo recolhimento do lixo, duplas de faxineiros que se ocuparão da constante manutenção dos banheiros etc.
- Instruir grupo de funcionários que será responsável por "filtrar" os convidados dos eventos do hotel, direcionando-os, cada um, para a área que comprou ou foi convidado. Normalmente, montam-se ilhas no *lobby*, nas quais, em cada uma, estarão um ou mais funcionários para atender um público específico

(por exemplo, somente quem comprou a ceia do restaurante ou somente os convidados da cobertura). Nesse local, os clientes receberão uma pulseira de controle com a cor destinada à área reservada.

- Contratar uma equipe extra de segurança, a ser distribuída pelo prédio e treiná-la quanto a todo o processo da operação, evitando problemas com clientes.
- Solicitar aos clientes que adquirirem a cobertura e as suítes que entreguem a relação dos convidados com 48 horas de antecedência. Essas pessoas não precisarão de convites; entretanto, haverá uma lista nas ilhas, que deverá conter seus nomes para efeito de controle. Esses convidados também receberão pulseiras coloridas de controle.
- Confeccionar cardápios de mesa com a função de apenas ilustrar o que o cliente adquiriu e será servido durante a noite. É muito comum certos clientes solicitarem bebidas não acordadas na compra das ceias e, posteriormente, criarem conflitos.
- Definir horários e cardápios especiais para o **Serviço de Quarto**, pois esse somente funcionará em condições restritas.
- Criar escala diferenciada e horários especiais para os serviços de lavanderia, pois, nesse dia, há um aumento considerável de roupas para passar.
- Elaborar escalas de revezamento de garçons, **maîtres**, **cumins**, cozinheiros, copeiros e outros colaboradores. Isso deve ser tratado como prioridade pelo departamento de **A&B**, para que, de forma organizada, possa ser realizado um trabalho que deixe o cliente satisfeito com o atendimento.
- Montar prioritariamente com, no mínimo, 30 minutos de antecedência, os **bufês** das suítes, em razão do problema logístico de haver diversos andares.
- A governanta, os gerentes de hospedagem e noturno devem auxiliar a gerência na supervisão dos serviços durante o evento, atuando em possíveis problemas que surjam no percurso.
- Não se esquecer do ***day after***, ou seja, o dia seguinte. A festa termina em torno das 3h ou 4h da madrugada, quando a equipe de limpeza, auxiliada pelos garçons, deverá transformar o restaurante em um ***coffee shop***, para que seja servido o café da manhã, a partir das 6h.
- Na manhã seguinte, todos os locais das festas deverão estar limpos e retornar a seu estado normal de apresentação.

Há ainda inúmeras outras ações que devem ser executadas na realização de uma festa dessa dimensão. Todavia, isso dependerá de uma série de fatores, que, se fossem apresentados, seria necessário discutir um a um. A intenção da exposição dessa série de ações foi somente oferecer uma visão geral de uma situação como a descrita.

> **PARA REFLETIR**
>
> - Que medidas podem ser tomadas para que festas desse tipo sejam operacionalmente tranquilas?
>
> - Imagine um casamento para mil pessoas no salão de gala de um grande hotel. Quais seriam os procedimentos que você adotaria, desde o início, para administrar tamanha festa?

SITUAÇÃO 8

AS APARÊNCIAS ENGANAM: O DILEMA DOS CHEQUES SEM FUNDOS

Em hotéis, é comum, apesar de toda sua experiência, os gestores serem enganados pela má-fé de algumas pessoas. Confira, a seguir, um exemplo vivido por um gerente geral que deixou o bom histórico de um cliente influenciá-lo a fazer uma escolha arriscada.

Certa manhã, a gerência de um hotel é informada pelos funcionários da recepção a respeito de um hóspede que deseja pagar a conta utilizando seu cheque pessoal. A consulta ao chefe deve-se ao fato de, nesse hotel, cheques não serem aceitos habitualmente. Segundo a norma que consta no **diretório de serviços**, exposto em todos os quartos, toda confirmação de reserva deve ser paga em dinheiro ou cartão de crédito.

Em um primeiro momento, a gerência indaga se o cliente não teria outro meio de pagamento, como cartão de crédito, ao que o recepcionista responde que o hóspede dispõe apenas de cheque. A recepção também esclarece à gerência que duas noites já estão quitadas por uma **agência de viagens** e que a despesa do cliente se resume a duas noites extras e demais despesas, como **frigobar** e restaurante.

Imediatamente, é levantado o histórico de estadas do hóspede naquele hotel, constatando-se que ele ali se hospedou em duas ocasiões anteriores, sendo a primeira há cerca de dois meses, no período de festas de Ano-Novo. Na época, sua reserva fora solicitada por uma agência de viagens renomada no mercado e que era a responsável pelo pagamento de suas diárias. Ao sair do hotel, o cliente pagou seus gastos extras em espécie. Em uma segunda oportunidade, mais recente (20 dias antes), ele se hospedou com uma reserva particular, ficou uma noite e pagou corretamente, em espécie, seus gastos extras e a diária.

Assim, diante do histórico positivo, a gerência aceita o pagamento em cheque do cliente.

Dias mais tarde, o cheque é devolvido pelo banco por não conter fundos suficientes para honrar o valor. A partir desse instante, inicia-se a busca pelo cliente. Dos telefones que forneceu, um não é atendido e entra sempre a mensagem de caixa postal; o outro é de uma empresa onde nunca se consegue falar com o procurado cliente.

Após quase duas semanas, a gerência consegue falar com o hóspede, que pede desculpas pelo ocorrido e informa que, o mais tardar na semana seguinte, fará um depósito no valor do cheque na conta do hotel. A semana seguinte chega, passa e, infelizmente, nada muda. Tentam-se inúmeras vezes fazer um novo contato, sem resultado. O cheque também é reapresentado, mas sem sucesso. O cliente desaparece, e resta somente apelar para o departamento Jurídico, o qual, posteriormente, levanta que o nome daquele indivíduo inadimplente consta nos registros do SPC e que sua empresa também está envolvida em inúmeros processos judiciais.

Diante do exposto, conclui-se que a quantia devida será considerada perdida, embora o hotel ainda tente, pelos meios legais, reaver o valor em questão.

Para refletir

- O hotel, por norma, não aceita cheques como forma de pagamento, mas o histórico do cliente é positivo. Como proceder em casos assim?

- Onde ocorreu a falha da equipe de Recepção? O que você faria para evitá-la no futuro?

SITUAÇÃO 9

Quando o hotel passa por obras em pleno funcionamento

Esta é uma das façanhas que os bons profissionais precisam realizar: evitar reclamações de hóspedes por causa de barulho e sujeira quando seu hotel está realizando obras de grande porte. Geralmente, por mais simples que seja a obra, ela causa insatisfação aos hóspedes. Para que isso seja evitado, ou apenas minimizado, deve ser feito um estudo prévio que busque o menor distúrbio possível, embora certas obras emergenciais não possibilitem planejamento. De toda forma, o gestor de hotéis deve estar preparado para adversidades dessa natureza.

Confira, a seguir, algumas dicas de como proceder em caso de obras em seu hotel, com base em sugestões aplicadas em diversos hotéis do Brasil.

Obras planejadas

Escolher os períodos e horários mais propícios para a realização das obras: No planejamento de uma reforma, de uma modificação ou de uma construção, faz-se necessário escolher a melhor data, evitando períodos de alta ocupação. Desse modo, mesmo havendo algum tipo de problema motivado pela obra, poucos hóspedes serão afetados. Para hotéis que trabalham com o mercado corporativo, os melhores dias, normalmente, são os fins de semana e os feriados prolongados, quando costumam ficar mais vazios. Já em hotéis de lazer, o início da semana é, habitualmente, o período mais viável para reformas. Em qualquer caso, os horários também são importantes. Não se recomenda trabalhar em obras nem muito cedo nem muito tarde. É imprescindível que se conheça a rotina dos hóspedes, em geral, e a programação dos grupos.

Isolar determinadas áreas ou mesmo andares inteiros, se o hotel tiver estrutura vertical: Quando se decide, por exemplo, reformar os quartos de um hotel, deve-se procurar, sempre que possível, isolar os andares afetados pela reforma. Se essa não se limitar somente à pintura em geral, ou seja, se houver demolição de paredes, uso de furadeiras, entre outras ações que causem barulho, sugere-se isolar os andares acima e abaixo do local da obra.

Adquirir as ferramentas, a mão de obra e todo o material necessário antes de iniciar a obra: Sugere-se estudar, antecipadamente, o projeto de obra, obter os materiais que serão utilizados e definir os recursos humanos para a realização das tarefas. Assim, serão evitados intervalos desnecessários e que prejudiquem o andamento da obra.

Planejar o uso do elevador de serviço para a subida de material e a descida de entulho: Uma obra limpa sempre será mais rápida que uma desorganizada. É muito difícil realizar obras quando a área de atuação está cheia de entulhos e materiais dispensáveis. É preciso retirar constantemente aquilo que não mais é necessário no local da obra. Para isso, o uso de elevadores de serviço, ou mesmo de escadas, deve ser organizado. No entanto, com o hotel em funcionamento, o elevador de serviço também se torna essencial para o deslocamento dos funcionários, a subida de produtos, entre outras atividades. O recomendável, então, é fazer uma programação para toda a obra. O gestor deve, por conseguinte, definir os horários em que somente a equipe de obras poderá utilizar determinados elevadores.

Obras emergenciais

Muitas vezes, os gestores são surpreendidos por problemas para os quais não houve um planejamento de obra. Confira, a seguir, alguns exemplos de medidas adotadas.

Boiler de hotel começa a vazar no início da noite e tem de ser desligado: *Boiler* é o equipamento responsável por aquecer a água que abastece os chuveiros e as torneiras dos quartos dos hóspedes e demais ambientes do hotel.

> Em certo hotel, um *boiler* começa a vazar e precisa ser desligado. Liga-se um segundo *boiler*, que, sozinho, não dá vazão aos períodos de maior demanda. A empresa que presta manutenção é chamada e, após verificar o ocorrido, constata que, somente no dia seguinte, o problema poderá ser sanado.
>
> Pela manhã, após muitas reclamações de hóspedes sobre a falta de água quente, o gestor resolve ligar o *boiler* que está com vazamento, tornando a situação ainda mais crítica. Embora chegue mais água quente aos quartos, muito da ferrugem e da lama que estavam acumuladas no fundo do equipamento defeituoso caem sobre os clientes durante o banho. Com isso, surgem mais reclamações.

O procedimento correto para tentar contornar os problemas de água quente seria procurar conceder apartamentos em andares mais baixos aos clientes reclamantes. Como o *boiler* ficava na parte inferior do prédio e esse sistema envia água quente para cima, a tendência era que seu fornecimento favorecesse os primeiros andares.

Prumada de água quente cede no interior do *shaft* (espaço dentro da parede por onde passam os canos) e ameaça romper-se: Em razão do seu tempo de construção e da falta da devida manutenção preventiva, muitos hotéis correm riscos semelhantes ao mencionado anteriormente. A **prumada**, como já foi visto, é o cano que transporta a água a ser distribuída pelo prédio (normalmente vertical). Em um prédio de 15 andares, por exemplo, pode haver três ou quatro **prumadas**.

Vamos supor que, em um desses canos, as braçadeiras que o prendem na parede tenham cedido e ameacem romper-se. Com o peso da água no interior da **prumada**, sua tendência é arrebentar e inundar todo o andar e os demais andares abaixo dela. Além disso, muitos quartos ficariam sem água, nesse caso.

Esse é, portanto, um trabalho minucioso, que precisa de muita técnica. Trocar uma **prumada** com o hotel vazio não é tão difícil, embora seja muito trabalhoso. Já com um hotel em funcionamento, há a necessidade de planejar tudo corretamente, evitando, assim, muitos problemas.

O primeiro passo é adotar uma ação paliativa, ou seja, escorar, de alguma forma, essa **prumada**, evitando que ceda ainda mais. Em segundo lugar, devem-se verificar e adquirir os materiais necessários para realizar a correção. Em terceiro, realizar um planejamento de modo que todos os quartos passíveis de transtorno estejam desocupados ou, se isso não for possível, fazer o conserto em um horário em que a maioria dos hóspedes desses quartos esteja fora do hotel. Como quarto passo: executar a correção, o que envolve esvaziar a **prumada** para deixá-la mais leve e mais fácil de ser reposicionada ao local original.

Por fim, vale ressaltar que, depois de religada a água e com a **prumada** cheia, é comum haver vazamentos ou entrada de ar na tubulação, o que pode prejudicar o fornecimento em alguns quartos.

Apesar de tudo, problemas como esses podem ser facilmente corrigidos, desde que tenha havido um bom estudo das etapas a serem realizadas.

> ### *Para refletir*
>
> - Cite outras sugestões para minimizar o impacto da realização de obras no interior de um hotel com muitos hóspedes e clientes.
>
> - Faça uma pesquisa nos hotéis de sua cidade e identifique quais os principais problemas enfrentados na realização de obras em suas dependências internas. Pergunte como seus gestores lidam com essas dificuldades.

SITUAÇÃO 10

Experiência de gerente geral de hotel consegue salvar uma vida

Em diversas oportunidades, a experiência de um gerente geral pode ser fundamental para a solução de grandes problemas ou mesmo para evitar situações eventualmente complicadas. O ocupante desse importante cargo deve ser participativo e envolver-se com as atividades dos diversos departamentos de um hotel. Durante as constantes rondas pelo prédio, ele deve procurar identificar problemas que possam vir a ocorrer ou que estejam efetivamente em curso. Em alguns casos, como o narrado a seguir, ele pode até mesmo salvar vidas.

> Em sua ronda diária em um grande hotel do Rio de Janeiro, o gerente geral, ao passar pelo departamento de Eventos, toma conhecimento de que um dos participantes de uma reunião não se sente muito bem. Enquanto se dirige para o salão, depara-se casualmente com a responsável pela empresa contratante, uma diretora de área que havia solicitado o evento e que também o estava coordenando. A diretora esclarece que seu colega está apenas com um pequeno mal-estar e pede ao hotel que, se possível, ceda um quarto para que ele possa descansar por alguns minutos até melhorar e, assim, retornar ao evento.
>
> Antes de tomar a decisão de ceder um dos quartos do hotel, o gerente geral resolve avaliar melhor as condições de saúde em que se encontra o cliente. Ao observá-lo deitado sobre um sofá na área de eventos, lembra-se de situações vivenciadas anteriormente, em que quadros semelhantes retratavam um princípio de infarto. Em vez de deslocá-lo para um dos quartos do hotel, insiste com a diretora que um médico o atenda com certa urgência. Após uma resistência inicial, a diretora acaba cedendo, e o cliente é levado a um hospital próximo ao hotel.
>
> Depois do atendimento, constata-se que, de fato, tratava-se de um princípio de infarto, que não chegou a causar um mal maior em razão de o paciente ter sido tratado a tempo.

A ação do gerente geral talvez tenha evitado maiores problemas para sua gestão, considerando que, se esse cliente tivesse infartado e viesse a falecer dentro do quarto, esse fato poderia ter consequências e causar muitos problemas. Entretanto, acima de tudo, é louvável dizer que o gerente, efetivamente, salvou uma vida.

> ## *Para refletir*
>
> - No caso relatado, que problemas o hotel poderia ter, caso emprestasse o quarto ao cliente e ele viesse a falecer em seu interior?
>
> - Desconsiderando as questões administrativas peculiares a um hotel, qual a melhor forma de um gerente geral interagir com seus departamentos?

SITUAÇÃO 11

Capitão-porteiro atua como facilitador de garotas de programa para hóspedes

O turismo sexual é um dos principais problemas com que os hotéis convivem, principalmente os situados nos grandes centros. É comum haver, em suas proximidades, boates, bares e termas, nos quais é possível encontrar garotos e garotas de programa. Infelizmente, esse tipo de turismo continua em ampla expansão, não somente no Brasil, mas em quase todo o mundo.

Esse é o assunto abordado no relato a seguir.

> O gerente de um hotel classificado com cinco estrelas, localizado na Grande São Paulo, desconfia de que seus funcionários, de alguma forma, estejam indicando clubes *privés* para seus hóspedes ou intermediando encontros entre eles e garotas(os) de programa. É importante dizer que esse tipo de atividade, se comprovado, pode resultar em processo contra o hotel.
>
> Para confirmar essa suspeita, a gerência do hotel pede o apoio da polícia, que envia um policial à paisana para investigar o caso. A ideia é que ele, passando-se por hóspede, pergunte, em diversos setores, como conseguir a companhia de mulheres.
>
> No primeiro dia, o policial prontamente identifica que os funcionários da recepção, até então os principais suspeitos, não forneciam tais informações. Em seguida, indaga nos bares do hotel, mas pouco consegue saber, além de menções às termas das redondezas, conhecidas por todos.

No segundo dia, à noite, ao aguardar um táxi na porta do hotel, o policial faz um comentário, aparentemente sem segundas intenções, na presença do **capitão-porteiro**, sobre o belo corpo de uma mulher que passa na calçada em frente. Para sua surpresa, o capitão informa que, se o hóspede desejar, ele poderá conseguir-lhe mulheres tão bonitas como aquela. Notando que, possivelmente, esse fosse o fio da meada que buscava, o policial pede mais informações. O **capitão-porteiro**, então, abre a gaveta de um pequeno armário onde guarda seus materiais operacionais e os dos mensageiros e de lá retira um álbum com fotos de várias mulheres para o cliente selecionar com qual delas gostaria de encontrar-se. O **capitão-porteiro** acrescenta que o táxi de um motorista conhecido poderá levá-lo ao apartamento da mulher escolhida.

Ao receber todas as informações sobre como chegar ao apartamento, onde se localizava e quanto custaria o programa, o policial dá voz de prisão ao **capitão-porteiro**, desbaratando todo o esquema de que o funcionário do hotel participava havia mais de cinco anos.

A lei determina que prostituição não é crime; no entanto, o ato de facilitar, tirar proveito ou participar diretamente dos lucros da prostituição de terceiros é passível de penalidades (artigo 230 do Código Penal: rufianismo).

> **PARA REFLETIR**
>
> - Como você avalia a questão do turismo sexual no Brasil? Esse é um problema que prejudica o turismo? Por quê?
>
> - De que forma um gerente geral pode prevenir ações como essas, intermediadas por funcionários do seu hotel?

13
MURPHY NA HOTELARIA

Os casos relatados neste livro são apenas uma pequena amostra do que ocorre nos hotéis, muitas vezes confirmando a famosa Lei de Murphy – muito provavelmente conhecida de todos – cujo princípio básico é bem simples: "Se alguma coisa pode dar errado, dará. E mais, dará errado da pior maneira, no pior momento e de modo que cause o maior dano possível."

Essa lei foi criada por Edward A. Murphy Jr., um capitão engenheiro da força aérea americana. Conta-se que, em 1949, Murphy estava envolvido com experimentos de veículos com foguetes propulsores correndo por um trilho único, que visavam testar a tolerância humana à aceleração. A experiência compreendia a instalação de 16 medidores de aceleração colocados em diferentes partes do corpo humano. Havia duas formas de instalar os sensores, a correta e a errada, e um dos técnicos optou pela errada em todos os sensores. Quando Murphy identificou a falha do técnico, ficou furioso e disparou algo como: "Se há um modo de fazer a coisa errada, ele faz!" Essa célebre frase inspirou e cunhou a que viria a ser sua famosa lei.

A universalidade das palavras de Murphy chegou ao ponto de o coronel John Paul Stapp, um físico que também participou dos experimentos, citar, em uma entrevista coletiva à imprensa, que os êxitos obtidos com o experimento foram graças à aplicação da Lei de Murphy, isto é, no esforço constante para negar a sua inevitabilidade, o que em outras palavras significava que: "Tudo que pode dar errado dá errado."

Em Hotelaria, não é diferente: a Lei de Murphy também se aplica. Todas as vezes em que se programa algo com muita antecedência, por exemplo, com o intuito de eliminar qualquer possível falha, é grande a probabilidade de ao menos algum detalhe desdobrar-se de forma incorreta. Por essa razão, no mercado hoteleiro, que lida com um universo tão rico de possibilidades, tanto os gestores como as equipes precisam ter perspicácia, agilidade, flexibilidade e um "plano B" na manga. Sempre.

Confira, a seguir, algumas situações.

Murphy 1

Este é um desdobramento de um caso já relatado aqui. Em um hotel classificado com quatro estrelas da Zona Sul do Rio de Janeiro, por volta das 5h, quando os garçons preparam o bufê do café da amanhã, veem dois ratos, oriundos da rua, entrarem pela porta da frente do hotel, cruzando a área do restaurante. Tentam em vão localizá-los durante os minutos seguintes. Às 6h, abrem o restaurante e passam a torcer para que os ratos não apareçam enquanto os hóspedes estiverem por lá. Um esquema de caça aos ratos é montado para entrar em ação no restaurante logo após o término do café da manhã. Assim que as buscas aos roedores são iniciadas e os funcionários começam a arrastar os móveis do restaurante do lugar, quem chega? Os fiscais da Anvisa para uma inspeção de rotina!

Murphy 2

Um grande banco faz reserva para cerca de 20 de seus executivos em um certo hotel de uma grande cidade. O hotel recebe a lista de clientes e efetua os bloqueios de apartamentos. Todos os quartos são cuidadosamente selecionados, considerando tratar-se de um grande cliente e com diárias elevadas. O hotel conta com uma infinidade de recursos, como internet banda larga em seus quartos. No entanto, um dos quartos do hotel (somente um, o único!) não dispõe tal facilidade. Para quem o referido quarto é destinado? Justamente para o principal executivo do banco, o hóspede que mais precisa usar a internet.

Murphy 3

Um hotel está com sua ocupação em baixa desde a semana anterior e vê com otimismo a semana seguinte, pois estará completamente lotado a partir de segunda-feira. No domingo, estoura uma grande tubulação que fornece água para o bairro onde está localizado o hotel, o que deixa o estabelecimento sem água durante três dias e obriga-o a comprar carros-pipa continuamente. O que ocorre? Dada a grande demanda por carros-pipa na região, a entrega ao hotel sempre atrasa, prejudicando o fornecimento interno e, consequentemente, resulta em várias reclamações.

Murphy 4

É solicitado extremo cuidado na produção de uma festa de casamento de um dos proprietários do hotel, que terá 300 convidados. Há semanas, organiza-se toda a operação do evento. Haverá um coquetel de boas-vindas na cobertura, que fica no trigésimo andar, seguido de um jantar de gala no restaurante principal, localizado no terceiro andar. Tudo preparado, decoração impecável, bufê fantástico, garçons distribuídos pelos setores com postura adequada, recepcionistas maravilhosamente bem vestidas e todo o glamour necessário para uma festa daquele porte. Trinta minutos antes de os convidados chegarem ao hotel, o que ocorre? Uma pane geral que deixa o estabelecimento sem elevadores até o dia seguinte!

GLOSSÁRIO

A

A&B
Forma comumente utilizada em referência ao departamento de **Alimentos e Bebidas**.

Agência de viagens
É uma empresa que tem como objetivo principal prestar serviços de viagens a seus clientes. Utiliza-se de parceiros como hotéis de diversas categorias, empresas áereas, navios de cruzeiros entre outros serviços como transportes, bares, restaurantes etc. Hoje, em dia, atua mais como um "consultor de viagens", procurando adaptar o programa turístico às necessidades e características de seus clientes.

Alimentos e Bebidas (A&B) (departamento)
Departamento dividido em diversos setores, os quais são responsáveis pelos serviços de alimentação e fornecimento de bebidas (**A&B**) ligados ao restaurante, que é peça-chave para a imagem positiva de um hotel.

Almoxarifado
Local em que as mercadorias são recebidas e armazenadas seguindo normas específicas e, depois, de acordo com as requisições dos departamentos, passam a ser distribuídas.

Alta temporada
É o período em que historicamente determinado destino tem maior ocupação. No Rio de Janeiro, por exemplo, os meses considerados de "alta temporada" são: julho (férias escolares) e de outubro a fevereiro.

Andar executivo
São andares diferenciados disponibilizados a hóspedes executivos e que contam com serviços especiais como o "*check-in* privativo – o registro do hóspede é realizado no próprio andar". O *check-out* privativo, em que o encerramento e o pagamento da conta do quarto também são realizados, é feito em local privado, por exemplo em *lounge* – sala destinada aos hóspedes deste andar que normalmente tem uma área de leitura (jornais e revistas à disposição), TV, espaço, mesmo que pequeno para reuniões e serviços de café, chá, leite, bebidas, canapés, entre outros.

Andares (setor)
Setor do departamento de **Governança**.

Assessoria de Imprensa (setor)
Setor cuja função é transmitir notícias sobre o hotel à mídia, no intuito de projetá-lo positivamente no mercado.

Assistência Social (setor)
Setor que busca dar suporte às necessidades dos funcionários da empresa com o foco nos problemas pessoais e profissionais destes.

Auditor noturno
Profissional que trabalha de madrugada e é responsável pela análise dos lançamentos financeiros do dia anterior (diárias, notas de bares e restaurantes, serviços de lavanderia etc.). É subordinado ao *controller* do hotel.

Auditoria (setor)
Setor responsável por analisar, dia a dia, os lançamentos de valores de diárias, contas dos clientes, notas do restaurante com quantidades e valores dos produtos corretos, entre outras atividades semelhantes.

B

Baixa temporada
É o período em que historicamente determinado destino tem menor ocupação. No Rio de Janeiro, por exemplo, os meses considerados de "baixa temporada" são maio e junho.

Banner
Faixa com dizeres promocionais utilizada por agências e empresas quando da chegada de seus grupos aos locais combinados e posicionada junto a pontos de apoio, onde há profissionais da **agência de viagens** disponíveis para dar suporte a esses hóspedes.

Banquetes (setor)
Setor que se responsabiliza pelos serviços de alimentos e bebidas que envolvam grandes eventos.

Bares (setor)
Responsável pelo controle e pela operação dos bares do hotel, esse setor executa serviços de fornecimento de bebidas e aperitivos.

Boa noite, cinderela
Golpe segundo o qual uma substância de efeito dopante é misturada, em geral, em uma bebida ou em confeitos que contenham líquidos no recheio (chicletes, bombons), com o objetivo de deixar a vítima sem sentidos, para, em seguida, roubá-la.

Boiler
Equipamento que armazena a água em determinada temperatura. Faz parte de um complexo sistema de aquecimento de água de um prédio comercial ou mesmo residência. Após a água passar pelos aquecedores, essa é destinada aos *boilers* e, em seguida, distribuída por todo o prédio. Existem diversos tamanhos de *boilers* (1.000, 2.000, 3.000 litros etc.).

Brigada de Incêndio (setor)
Equipe formada por funcionários do hotel de diversos setores e de turnos distintos treinados para lidar com focos de incêndio, controlar o pânico e prestar os primeiros socorros.

Bufê
Bufê ou a forma francesa mais utilizada *buffet* é uma maneira de servir alimentos e bebidas a um grande número de pessoas. Normalmente, é montado sobre uma mesa grande ou diversas menores em um mesmo local ou pode ter alguma de suas mesas um pouco mais afastadas das outras. Por exemplo, a mesa com uma grande variedade de sobremesas pode ficar mais distante da mesa de frios e pratos quentes. Isso ocorre até mesmo por uma questão de logística, para evitar que esses clientes que buscam diferentes opções se cruzem no caminho.

Business center
Sala de um hotel que contém, normalmente, computadores e impressoras para uso exclusivo de hóspedes e clientes de eventos.

C

Caixa Geral (setor)
Setor responsável pelo controle de todos os caixas dos **pontos de venda** do hotel (bares, restaurantes, spas etc.).

Capitão-porteiro
Denominação dada ao profissional do departamento de Recepção que fica na entrada do hotel com uniforme e quepe, recepcionando os hóspedes. É também o chefe dos mensageiros.

Cargos e Salários (setor)
Setor responsável por desenvolver planos salariais e negociar percentuais de correção salarial de acordo com a média salarial do mercado.

Cartão-chave
Antigamente, os hotéis tinham chaves tradicionais para a abertura das portas de seus quartos, que vinham acompanhadas de pesados chaveiros para que o hóspede tivesse que as deixar na recepção, evitando levá-las para a rua e, eventualmente, perdê-las pondo em risco a segurança do hotel. Com o

avanço da tecnologia, essas chaves foram sendo substituídas pelos cartões-chave (*key cards*) – semelhantes a cartões de crédito, que têm uma tarja no verso, na qual se podem gravar informações sobre o hóspede e sua reserva, além do número do quarto a ser destinado a ele. Do mesmo modo, as fechaduras tradicionais também foram trocadas por fechaduras eletrônicas. Essas fechaduras registram todos os acessos a determinado quarto (cartão-chave usado, data e horário). Para se abrir essas fechaduras, utiliza-se o cartão-chave que fora gravado previamente com as informações para aquela fechadura.

Chave mestra
É um tipo de chave que tem a possibilidade de abrir diversas fechaduras. Em um hotel, por exemplo, existe a chave mestra de um andar (abre as portas de todos os quartos), que fica em poder das arrumadeiras, e a chave mestra geral (que abre as portas de todos os quartos do hotel), que fica em poder da governanta e/ou de suas assistentes.

Check-in
Em Hotelaria, atendimento que se faz ao hóspede, no momento de sua chegada, quando ele preenche a **Ficha Nacional de Registro de Hóspedes (FNRH)** e entrega-a à recepção, para, em seguida, receber a chave do apartamento, na categoria de sua reserva, além de outras informações que envolvam sua estada no hotel.

Check-out
Em Hotelaria, atendimento que se faz ao hóspede, no momento em que está deixando o hotel, quando são pagas as suas despesas e/ou são realizados os acertos finais.

Chef
É o termo em francês utilizado para denominar o chefe de cozinha. Este por sua vez, é o responsável por elaborar os pratos de um restaurante, coordena todas as atividades da cozinha supervisionando os serviços dos cozinheiros.

City tour
Passeio de ônibus pelos principais pontos turísticos da cidade. Geralmente, nos **pacotes** promocionais das **agências de viagens**, há um *tour* pela cidade incluído.

Coffee break
Pausa, durante os eventos, em que os clientes saem do salão de reunião para um pequeno lanche. O tempo de duração é definido pela empresa responsável pela organização do evento, mas, em média, é de 15 minutos. Em geral, é servido em área externa ao salão do evento.

Coffee shop
Em Hotelaria, salão na área de restaurantes, normalmente utilizado para a realização do café da manhã.

Comanda
Formulário no qual o garçom registra os pedidos oriundos de uma mesa. Normalmente, encontra-se em três vias, entre as quais uma se direciona à cozinha, outra vai para o caixa do restaurante e a última fica no bloco, para controle do garçom. Hoje em dia, as comandas em papel estão sendo substituídas pelas eletrônicas, que apresentam a mesma lógica, mas contam com o uso de uma máquina manual para o lançamento dos pedidos e uma impressora, junto ao caixa do restaurante, para distribuir as vias impressas de acordo com a necessidade.

Compras e Almoxarifado (setor)
Setor realiza a aquisição de produtos variados, tais como: alimentação, roupas de cama, mesa e banho, máquinas e equipamentos.

Concierge (setor)
Setor responsável por diversas tarefas realizadas com o intuito de valorizar o cliente, por exemplo: *check-in*, *check-out*, venda de passeios turísticos, aluguéis de automóveis e de celulares, compra de ingressos para shows, cinemas e peças de teatro, reservas de restaurantes, envio de correspondências e informações de modo geral.

Confederação Brasileira de Convention & Visitors Bureaux (C&VBx)
A Confederação Brasileira de Convention & Visitors Bureaux (C&VBx) é formada por todas as entidades que atuem como *Conventions & Visitors Bureaux* no território brasileiro. Ela representa todos esses órgãos e promove a inter-relação entre elas. No Rio de Janeiro, temos o Rio Convention & Visitors Bureaux (RCV&B), que tem, entre tantas atividades, a de promover o destino desta cidade e a busca constante de eventos nacionais e internacionais a serem realizados no local.

Confeitaria (setor)
Setor que prepara bolos, tortas, doces variados, *pâtisserie*, entre outras guloseimas.

Consumo Interno (CI)
Termo aplicado aos gastos realizados no hotel para refeições do quadro gerencial, em que não são lançados valores financeiros nas notas, mas apenas o consumo de alimentos e bebidas para fins de baixa de estoque.

Contas a Pagar (CAP) (setor)
Setor que controla as obrigações financeiras que a empresa assumiu em decorrência de aquisição de produtos ou serviços.

Contas a Receber (CAR) ou Faturamento (setor)
Setor responsável por administrar a entrada de recursos oriundos de faturas dos serviços prestados pelo hotel a seus hóspedes e clientes em geral.

Controladoria (departamento)
Departamento operado por meio de rotinas diárias que visam administrar os recursos que entram e saem do hotel, assim como controlar os custos, otimizar as compras e administrar o patrimônio da empresa por auditorias e inventários.

Controle de Custos e Inventários (setor)
Setor que executa o controle sobre todos os lançamentos realizados, diariamente, em um hotel, verificando se tais emissões estão corretas.

Controller
Profissional da área financeira de um hotel (ou de qualquer outra empresa) responsável pelos controles de custos, faturamento, contas a pagar e a receber, entre outras atividades. Também conhecido como gerente de Controladoria, é ele quem municia o gerente geral com informações para certas tomadas de decisão. Por exemplo: ele pode chamar a atenção do gerente geral para um aumento nos custos de alimentos sem que haja uma justificativa plausível. Dessa forma, caberá ao gerente reunir-se com sua equipe e procurar buscar uma solução para o problema.

Copa (setor)
Setor responsável por preparar sanduíches, cafés, chás, sucos, vitaminas e pequenos aperitivos a serem servidos nos restaurantes e bares, ou até mesmo pelo **Serviço de Quarto**.

Copa de arrumadeira
Espaço geralmente existente em todo andar onde há quartos de hóspedes. São responsabilidades de cada arrumadeira a manutenção e a reposição dos materiais neste local. Em seu interior, encontram-se roupas de cama, produtos de limpeza e produtos de **frigobar**.

Correntista
Esse é um termo antigo na Hotelaria que denominava o profissional que lançava os débitos nas contas dos hóspedes (diárias, refeições, lavanderia etc.) em uma máquina então conhecida como NCR. Dado o avanço da tecnologia, hoje, essa função não existe mais nos hotéis.

Cotação
É o ato de estabelecer determinado preço para algo. O departamento de Reservas e ou de Eventos de um hotel constantemente envia cotações para a venda de quartos (por exemplo, de categorias diferentes) e para a realização de eventos (por exemplo, um casamento nas dependências do hotel).

Couvert
Pequenas iguarias servidas antes do prato ou da refeição principal, tais como: azeitonas, torradas, pães, manteiga, pastas, queijos etc.

Cozinha (setor)
Setor responsável pelo(s) local(is) de preparo dos alimentos, trata-se do espaço de maior importância nos serviços de alimentação.

Cumim
Profissional que auxilia o garçom na retirada de louças e talheres das mesas ou na tarefa de servir os pratos e as bebidas aos clientes. Constitui um estágio antes de o profissional se tornar garçom. Essa palavra foi popularizada no Brasil e poderá ser encontrada com grafias diferentes, como "cumin", "commim" ou "commis", sendo que esta, da qual se acredita que tenha surgido o termo, define-se, na Hotelaria mundial, como auxiliar do ***chef*** de cozinha.

D

Day after
Em português, "dia seguinte". Termo em inglês amplamente utilizado no ramo da Hotelaria quando do planejamento de um grande evento, por exemplo. Planejam-se sempre o evento em si e seus desdobramentos no *day after*, ou seja, as consequências que podem ocorrer no dia seguinte.

Deadline
Em português, "prazo de entrega". Data considerada limite para a confirmação de uma reserva ou prazo final estipulado para a realização de tarefas, como entregar um relatório à diretoria.

Diretório de serviços
Documento formal, normalmente em forma de fichário ou simplesmente uma página, no qual se estabelecem, para o hóspede, as normas e os procedimentos que deverão ser seguidos durante sua estada no hotel. Além disso, pode conter informações de horários de funcionamento dos **pontos de venda** do hotel (restaurantes, bares, piscina e sauna etc.), telefones de consulados e embaixadas, linhas aéreas, além de códigos para a realização de ligações internacionais e dentro do próprio país. Em grandes hotéis, podem-se incluir também os cardápios de ***Room Service*** e até mesmo dos restaurantes.

Double
Em português, "duplo". No ramo hoteleiro, apartamento que comporta duas pessoas.

E

Early check-in
Condição em que o cliente é autorizado a ingressar no hotel antes do horário habitual de *check-in*, que normalmente é às 14h, ou seja, trata-se de um *check-in* antecipado.

Eventos (departamento)
Departamento responsável pela realização de eventos comerciais ou sociais, bem como operacionalização de grupos de hóspedes que exigem serviços específicos, como jantares, coquetéis, para reuniões entre seus membros.

Eventos Comerciais (setor)
Setor responsável por captar e operacionalizar eventos como reuniões de empresas, treinamentos, *workshops*, feiras, lançamentos de produtos, congressos, entre outros do gênero.

Eventos Sociais (setor)
Setor que se volta principalmente para festas, almoços e jantares especiais, banquetes em geral e eventos do gênero.

F

Fan coil
Regulador de temperatura que trabalha na saída do ar condicionado nos quartos, nos restaurantes e nos salões de convenções em hotéis que contam com sistema de ar-condicionado central, ou seja, aquele que utiliza, como meio de refrigeração, a água gelada em vez do gás refrigerante dos condicionadores comuns.

Farewell drink
Em português, "bebida de boa viagem" ou "bebida de despedida". No mercado hoteleiro, ao fim da estada de alguns grupos, o hotel costuma oferecer esse tipo de serviço, gratuitamente, como meio de agradecer a preferência pela hospedagem em seu estabelecimento.

Faxina (setor)
Setor responsável pela limpeza das áreas sociais e de serviços do hotel.

Feedback
Em português, "retorno". Termo em inglês muito utilizado em Hotelaria. Quando pedimos a alguém que execute determinada tarefa, solicitamos, em geral, que, após sua realização, dê-nos o *feedback*, ou seja, o retorno sobre o resultado alcançado.

Feeling
Em português, "intuição", "sensibilidade". É comum, por exemplo, um chefe solicitar a um funcionário que use seu *feeling* para tomar uma decisão sobre alguma ação a ser realizada.

Ficha Nacional de Registro de Hóspedes (FNRH)
Formulário oficial que os hóspedes precisam preencher com seus dados pessoais (nome, endereço, número do documento de identificação etc.), para que possam ingressar em um hotel.

Fita detalhe
Era a fita gerada na antiga máquina NCR em que constavam todos os lançamentos de consumos de um hóspede no interior do hotel em determinado dia. Por meio dessa fita, podia-se realizar uma auditoria e verificar se tais lançamentos estavam ou não corretos.

Fitness center
Entende-se por *fitness center* a área de um hotel onde se encontram a sala ou academia de ginástica, sauna, spa etc. Esses serviços são associados à prática de atividades físicas em busca de boa forma física e condição de saúde.

Flyer
Folheto promocional que divulga algum produto ou serviço.

Fôlder
Folheto promocional impresso em uma página, com uma ou mais dobras, no qual há a divulgação – habitualmente com fotos e informações – dos produtos e serviços de um hotel.

Follow-up
Em português, "manutenção de contato" ou "acompanhamento de assunto". Termo muito usado em Hotelaria em referência à atitude de dar prosseguimento a determinada tarefa ou de obter retorno dos envolvidos em um processo.

Frigobar
Frigobar, também conhecido como minibar, trata-se de um pequena geladeira que se encontra nos quartos de um hotel e que normalmente contém refrigerantes, sucos, água, entre outros produtos. Sobre esses frigobares também costuma haver aperitivos (batatas fritas, castanhas, chocolates etc). A lista com os preços dos produtos geralmente fica perto do frigobar.

Todos esses produtos ficam à disposição dos hóspedes, porém não costumam ser gratuitos. Na medida em que se consomem tais produtos, estes são cobrados e repostos. Esse serviço de verificação, lançamento na conta do hóspede e reposição é comumente feito pelas arrumadeiras. Em alguns hotéis, o lançamento na conta do hóspede pode ser realizado por outro setor.

G

Garage (setor)
Setor cuja função é receber o veículo do cliente (diretamente dele ou do **capitão-porteiro**) ao chegar ao hotel, guardá-lo no estacionamento e devolvê-lo quando solicitado.

Gerência de Controladoria (setor)
Setor responsável por administrar todas as atividades do departamento de **Controladoria**, que, por meio de dados gerados por todos os seus setores, emite relatórios que são encaminhados à **Gerência Geral** do hotel para auxiliar na tomada de decisões.

Gerência Geral (departamento)
Departamento responsável por coordenar todas as atividades de um hotel dentro dos padrões de qualidade estabelecidos pela cultura hoteleira. Deve também administrar custos e otimizar receitas.

Governança (departamento)
Departamento que tem como atividade principal a limpeza do hotel – incluindo quartos, áreas sociais e de serviço, restaurantes e bares.

Grupos (setor)
Setor do departamento de Eventos responsável pela operacionalização de grupos de hóspedes que exigem serviços específicos, como jantares, coquetéis, em reuniões entre seus membros.

H

Hotel-fazenda
Estabelecimento comercial localizado em áreas rurais que se destina a lazer, recreação, eventos, entre outras atividades. Normalmente, dotado de exploração agropecuária, oferece aos clientes a experiência da vida no campo, com serviços como: passeios a cavalo, pesca em lagos, caminhadas, prática de esportes em geral, entre outros meios de entretenimento.

House phone
Telefone localizado próximo ao balcão de recepção que serve para guias e/ou visitas contatarem os hóspedes em seus quartos.

I

International Congress and Convention Association (ICCA)
Associação em nível global composta por quase 1.000 membros de 90 países que têm o objetivo

de auxiliar todos os integrantes a terem vantagem competitiva significativa na realização de eventos, reuniões e congressos em todo o mundo. Fazem parte dessa associação as agências de viagens e de eventos e todas as outras instituições ligadas à realização desse tipo de atividade.

L

Late check-out
Prorrogação do horário de saída do cliente, ou seja, **check-out** tardio. Normalmente, o horário de **check-out** é ao meio-dia; todavia, é possível estendê-lo até as 14h sem ônus, ou mesmo até as 18h, nesse caso sendo cobrada, no mínimo, meia diária. A prática de cobrança, ou a ausência dessa, dependerá da disponibilidade do hotel e de sua política comercial.

Lazer (setor)
Comum em **hotéis-fazenda** e *resorts*, é o setor responsável pelo entretenimento dos hóspedes durante suas estadas.

Lobby
É a área de entrada de um hotel. Normalmente encontram-se nesse local recepção, cadeiras e sofás, bar e acesso aos elevadores.

Logbook
Em português, "diário de bordo". No ramo hoteleiro, trata-se de um livro do tipo ata, em que os departamentos de um hotel registram ocorrências e informações, em geral, a serem passadas ao turno seguinte. Com o avanço da tecnologia, na maioria dos hotéis, o *logbook* tornou-se informatizado, e a troca de informações é feita por e-mail.

M

Mailing list
Banco de dados que reúne nomes, endereços, e-mails e dados adicionais de consumidores e *prospects*. Em um hotel, pode-se gerar uma *mailing* dos clientes frequentadores do restaurante, por exemplo, ou mesmo de seus hóspedes, para, posteriormente, enviar-lhes, via e-mail, informações sobre promoções e eventos que o hotel realizará. Por exemplo, caso o hotel planeje oferecer um festival de comida japonesa, usará sua *mailing list* para informar os frequentadores assíduos do restaurante sobre o evento.

Maître
De origem francesa, a palavra *maître* significa "mestre". Na Hotelaria, é o profissional responsável pelos serviços dos garçons, que orienta, treina e organiza esses profissionais.

Mala direta
Impresso enviado a clientes e *prospects* como meio de divulgação de produtos e serviços de um hotel. Enquanto o *e-mail marketing* se utiliza de um sistema informatizado (e-mail), a mala direta pressupõe o envio de impressos.

Manutenção (departamento)
Departamento responsável por ações corretivas e de prevenção de manutenção, buscando a melhoria do rendimento dos equipamentos.

Marketing e Vendas (departamento)
Departamento cuja missão principal é promover e vender os serviços do hotel.

Marketing (setor)
Setor responsável pela criação de ações promocionais que visem à divulgação e venda dos serviços do hotel.

Master floor
É uma das muitas denominações de um "andar especial destinado a hóspedes diferenciados.

Mensageria (setor)
Setor que coordena as atividades realizadas pelos **capitães-porteiros** e mensageiros.

N

Nécessaire
Bolsa pequena usada, em geral, para guardar objetos de uso individual, como aqueles destinados à higiene pessoal.

No show
Em português, "não comparecimento". No mercado hoteleiro, situação em que um cliente efetuou uma reserva e não compareceu, sem que a tivesse cancelado previamente. O *no show* pode ser garantido (caso em que, mesmo se o cliente não comparecer, o hotel poderá cobrar a primeira diária) ou, simplesmente, sem garantia (quando apenas se cancela a reserva).

Nota de hospedagem
Documento formal no qual se registram os lançamentos de diárias e de outras despesas realizadas pelos hóspedes de um hotel.

O

Open bar
Em português, "bar aberto". Sistema utilizado em um evento em que o anfitrião paga pelas bebidas com antecedência, para que essas sejam servidas gratuitamente aos convidados. É comum, em coquetéis, o hotel propor um valor por pessoa com bebidas incluídas por determinado tempo (duas horas de serviço, por exemplo).

Orçamento e Análise (setor)
Setor que auxilia os gestores na produção dos orçamentos anuais e no fornecimento de informações no decorrer do ano, para viabilizar a tomada de ações próprias que visem corrigir o rumo da empresa e inseri-la no orçamento previsto.

Ordem de Serviço de Banquetes (OSB)
Documento emitido pela área de Eventos que contém todas as informações necessárias para a operacionalização de um evento e que é distribuído por todos os departamentos envolvidos.

Order taker
Em português, "atendente de pedidos" ou "tirador de pedidos". No ramo da Hotelaria, funcionário que recebe e providencia, na copa ou na cozinha, os pedidos que os hóspedes solicitam por telefone, com o intuito de fazer suas refeições nos quartos.

Outdoor
Painel de mídia localizado em área externa (ao ar livre), de grandes dimensões, sobretudo em placas modulares, que pode ser também um letreiro luminoso ou mesmo uma parede pintada, disposto em locais de grande visibilidade, como à beira de rodovias ou em empenas de edifícios.

Overbooking
Ou, simplesmente, *over*. Prática segundo a qual se vendem mais ingressos/bilhetes/vagas do que a capacidade real de acomodação ou de atendimento, isto é, trata-se de admitir reservas em excesso, por falta de planejamento, por falhas ou de modo proposital. No ramo hoteleiro, é a situação em que o hotel vende mais quartos do que sua real disponibilidade. Nesses casos, faz-se necessário o encaminhamento dos clientes excedentes para outros hotéis.

P

Pacote
Na Hotelaria, entende-se como "pacote" uma promoção que pode envolver duas ou mais diárias e também refeições. Por exemplo, o pacote de fim de semana, que normalmente tem duas

diárias, inclui uma ou duas refeições e pode ter algum outro benefício como um brinde. Existem outros pacotes como "pacote de Carnaval", "pacote de *Réveillon*", entre outras promoções semelhantes.

Par stock

Em Hotelaria, inventário fixo de alimentos, de bebidas ou até mesmo de roupas de cama, mesa e banho, que se faz necessário para a operacionalização de um hotel, ou seja, é a quantidade mínima que um hotel precisa ter de determinado item. Quando a quantidade mínima se aproxima, emite-se um pedido de compras. Por exemplo: digamos que um hotel gaste 100 quilos de açúcar por semana; logo, a quantidade mínima que deve ter no **almoxarifado** será equivalente aos 100 quilos acrescidos de uma margem de segurança de 10%. Esse será o *par stock* de açúcar desse hotel.

Passante

É a denominação dada na Hotelaria para aquele cliente que frequenta o hotel, mas não é hóspede. Por exemplo, o cliente do restaurante de um hotel não necessariamente precisa ser um hóspede. Tais restaurantes são abertos ao público em geral.

Pâtisserie

Termo empregado tanto para a confecção de uma massa especial usada no preparo de doces e salgados como para um tipo de padaria francesa especializada em doces e bolos. Na França, refere-se a um título regulamentado cuja utilização é autorizada apenas para padarias que empreguem um ***maître** pâtissier*, profissional que passa por um extenso treinamento. Em Hotelaria, esse termo *pâtisserie* é usado para designar os próprios doces produzidos pelas confeitarias.

Pessoal (setor)

Setor responsável por contratações e demissões de funcionários, verificação do cartão de ponto e elaboração da folha de pagamento, bem como pela emissão dos relatórios a serem encaminhados aos órgãos do governo.

Ponto de venda (PDV)

Local onde os produtos são expostos para a venda. No caso dos hotéis, os bares, por exemplo, são um PDV de alimentos e bebidas.

Pré-autorização de cartão de crédito

Procedimento utilizado por hotéis para fins de certificação de que o cartão de crédito do cliente possui fundos suficientes para arcar com suas despesas de hospedagem. Não constitui uma venda efetiva e pode ser cancelada a qualquer momento, caso o cliente deseje efetuar o pagamento usando outro meio. Essa pré-autorização é solicitada quase sempre na chegada do hóspede ao hotel.

Pré-pagamento (de diárias e pacotes)
É uma exigência dos hotéis solicitar que a reserva (diárias) seja pré-paga integralmente ou parcialmente para determinados pacotes com grande procura. O período de *Réveillon* no Rio de Janeiro costuma ser muito procurado e as vendas praticamente se esgotam em meados de novembro. Por esse motivo, os hotéis somente confirmam as reservas de seus clientes após esses terem efetuado o pré-pagamento de suas diárias.

President's floor
Outra denominação de andares especiais do hotel destinados a hóspedes diferenciados.

Press release
Ou, simplesmente, *release*. Texto destinado à imprensa, com fins de divulgação institucional ou de qualquer assunto referente ao hotel. Pode ser acompanhado de sugestões de pauta, bem como notas ou esclarecimentos sobre seus serviços. Trata-se de uma ferramenta de comunicação trabalhada pela **Assessoria de Imprensa** responsável pelo hotel.

Prospect
Pessoa ou empresa não consumidora de determinado produto ou serviço, mas que apresenta potencial para tornar-se consumidora futuramente.

Prumada
É um conjunto de elementos de um edifício que se posicionam verticalmente. No caso relatado neste livro, refere-se à tubulação de água que vai do subsolo até a cobertura do hotel.

R

Recepção (departamento)
Departamento que comporta diversas subdivisões, tais como: **concierge**, telefonia, **mensageria**, manobristas ou *garage* e recepções exclusivas para andares especiais, e, em alguns casos, os setores de Reservas e de Lazer (em *resorts* e **hotéis-fazenda**).

Réchaud
Utensílio utilizado no departamento de **A&B** para conservar os alimentos quentes. Mantém-se aquecido por meio de potes, em sua base externa inferior, que contêm álcool gel. É comumente usado em hotéis que oferecem **bufês** de almoço, jantar ou café da manhã.

Recrutamento e Seleção (setor)
Setor responsável pela seleção de novos funcionários.

Refeitório (setor)
Setor de suma importância que consiste em uma área com mesas e cadeiras, um recipiente para banho-maria, uma pia para lavagem de louças e talheres, além de prateleiras para guardar os utensílios.

Reservas (departamento)
Departamento independente que pode ser subordinado ao de Vendas ou ao de Recepção, de acordo com a estrutura do hotel ou com a cultura da empresa. É responsável direto pela efetivação das reservas solicitadas pelos clientes ao hotel.

Reservas (setor)
Setor responsável pelas reservas, que, dependendo do hotel, pode ser independente, mas subordinado ao gerente geral ou um subdepartamento do departamento de Recepção ou do departamento de Vendas.

Resort
Hotel destinado principalmente ao lazer, ou seja, para recreação e/ou relaxamento. Está localizado fora dos centros urbanos. Normalmente, é dotado de grandes áreas e possuidor de diversas opções de recreação, como: piscinas, lagos, serviços de estética, canoagem, esqui aquático, atividades físicas, convívio com a natureza, entre outras.

Restaurantes (setor)
Setor responsável pelo controle e pela operação dos serviços dos restaurantes de um hotel.

Retrofit
Processo de renovação de algo obsoleto, antiquado. Conceito que surgiu na Europa e nos Estados Unidos, significando, grosso modo, "colocar o antigo em forma". Esse termo é frequentemente aplicado na construção civil para designar a revitalização de edifícios. O *retrofit* não é uma simples reforma; na realidade, envolve uma série de ações que visam modernizar e readequar as instalações antigas às novas exigências do mercado, estendendo, assim, sua vida útil.

RH (departamento)
Departamento cuja responsabilidade é recrutar novos profissionais para a empresa, treiná-los e oferecer todo o suporte social necessário para que o ambiente de trabalho tenha um clima satisfatório.

Rol (de lavanderia)
Formulário no qual os hóspedes registram as peças de roupas que desejam lavar e/ou passar e em que também constam os valores que serão cobrados para a realização desses serviços.

Room Service (setor)
Também conhecido como **Serviço de Quarto**, é o setor encarregado do fornecimento de alimentos e bebidas aos quartos do hotel.

Rooming list
Lista contendo os nomes dos hóspedes encaminhada pelo solicitante ao hotel, para fins de acomodação e controle. Designa também a relação dos apartamentos de um hotel com os nomes dos seus respectivos ocupantes.

Rouparia e Lavanderia (setor)
Setor responsável pela lavagem e pelo armazenamento de roupas de hóspedes, uniformes de funcionários e enxovais de cama, mesa e banho do hotel.

S

Segurança (departamento)
Departamento responsável pela segurança e pelo bem-estar dos hóspedes e dos funcionários, bem como pela prevenção de incêndio e pela segurança dos equipamentos.

Segurança de Equipamentos (setor)
Setor que tem a função de manter determinados equipamentos em funcionamento para evitar problemas de grande escala e risco de vida.

Segurança Patrimonial (setor)
Setor que todos entendem por "segurança". Constitui-se de equipes de homens e, eventualmente, mulheres que são responsáveis pelo bem-estar dos hóspedes e dos funcionários.

Serviço de Quarto
Ver *Room Service*.

Shaft
Em português, "eixo". Duto vertical pelo qual passam as tubulações de água e os cabos de telecomunicações e iluminação.

Single
Em português, "solteiro", "único". No ramo hoteleiro, apartamento com uma cama individual, para um hóspede apenas.

Soft opening
Em Hotelaria, inauguração antecipada de parte da estrutura de um hotel, antes do término das obras, com a intenção de iniciar as operações já com um faturamento que ofereça um respaldo financeiro para a finalização do empreendimento.

Souvenir
Brinde dado aos hóspedes de um hotel na sua chegada ou mesmo na saída. Pode ser uma camiseta, um chapéu, entre outras opções.

Subchef ou *sous-chef*
É o assistente do *chef* de cozinha que normalmente o substitui quando de sua saída do hotel. Divide com o *chef* também a responsabilidade de elaborar pratos e coordenar as atividades dos cozinheiros.

T

Telefonia (setor)
Setor relacionado com os atendimentos telefônicos internos e externos de todo o hotel, inclusive pela *wake up call*.

Tour
Em português, "passeio" ou "excursão".

Tour Leader (TL) ou *Tour Conductor (TC)*
Mundialmente, designa o guia ou o acompanhante de grupos de turistas internacionais, desde o início da viagem. Eventualmente, pode ser assessorado por um guia local.

Trace
Deixar um "*trace*" em Hotelaria nada mais é do que disponibilizar uma mensagem para outro colega de trabalho sobre algo que ele precisará saber para a realização de suas atividades.

Treinamento (setor)
Setor responsável por diversas atividades que visem à padronização dos serviços e à melhoria da qualidade do atendimento.

Turndown service
Serviço de preparação da cama para o uso dos hóspedes. Ocorre em torno das 18h, quando a arrumadeira retira o cobre-leito da cama e prepara-a para o cliente dormir. Esse serviço pode ser complementado com alguma cortesia deixada sobre a cama, como chocolates ou biscoitos.

Twin
Em português, "duplo", "com duas partes iguais". No mercado hoteleiro, apartamento que comporta duas pessoas, necessariamente com duas camas individuais/de solteiro.

U

Upgrade
Em português, "melhoria de situação". No ramo hoteleiro, mudança na categoria do apartamento solicitada na reserva do cliente para outra de nível superior, por exemplo, como benefício estratégico concedido em razão de ***overbooking***.

Upselling
Técnica de vendas muito empregada pelas recepções dos hotéis com o objetivo de convencer o cliente a adquirir um quarto de categoria superior àquela reservada, tendo, para isso, de pagar uma diferença, o que torna a estada daquele hóspede mais rentável para o hotel.

V

Válvula de três vias
Válvulas que servem para misturar ou distribuir fluxo de fluidos nos variados sistemas de processamentos industriais. Em um hotel, essas válvulas são comumente encontradas nos sistemas de ar-condicionado (***fan coils***) dos quartos. Uma de suas funções é bloquear o fluxo de água gelada do sistema de refrigeração quando o quarto não estiver sendo utilizado.

Vendas Internacionais (setor)
Setor encarregado da venda e da divulgação dos hotéis sob sua responsabilidade em áreas internacionais. Também participa de ***workshops*** e feiras internacionais, bem como da elaboração de catálogos e **malas diretas**.

Vendas Nacionais (setor)
Setor responsável pela divulgação e pelas vendas no mercado nacional.

Very Important Person (VIP)
Em português, "pessoa muito importante". No ramo da Hotelaria, aplica-se a hóspedes especiais; por exemplo, uma celebridade, um cantor famoso, um artista de TV, entre outras personalidades.

VIP club
Mais uma denominação de um andar especial do hotel destinado aos hóspedes diferenciados.

Voucher
Documento que atesta que um serviço foi solicitado por seu portador a uma **agência de viagens**. O *voucher* define a que o cliente tem direito. Por exemplo: um *voucher* de uma **agência de viagens** dada a um cliente de hotel poderá dizer: seu nome, data de chegada e saída, categoria de quarto reservado, forma de pagamento (se já foi pago ou se será efetuado diretamente no hotel) etc. Há vários tipos de *voucher* que podem ser utilizados para linhas aéreas, passeios e até para que sejam concedidos descontos em determinados **pontos de venda** de um hotel.

W

Wake up call
Serviço de despertador, no qual a telefonista ou os funcionários da recepção entram em contato com o hóspede para acordá-lo no horário por ele solicitado.

Walk-in
Em português, "com entrada direta". Designa o cliente que chega ao hotel sem ter feito, previamente, uma reserva.

Welcome drink
Em português, "bebida de boas-vindas". Geralmente, em Hotelaria, designa as bebidas oferecidas no momento da chegada de grupos ou mesmo em caso de reservas individuais. Pode variar de espumante a alguma bebida típica da cidade. No Rio de Janeiro, por exemplo, é costume servir caipirinhas.

Workshop
Em português, "oficina". Espécie de curso que conta com a participação ativa do grupo de alunos/aprendizes, enfatizando a troca de ideias e de experiências e tendo como foco temas de interesse comum.

A Editora Senac Rio de Janeiro publica livros nas áreas de
Beleza e Estética, Ciências Humanas, Comunicação e Artes,
Desenvolvimento Social, Design e Arquitetura, Educação,
Gastronomia e Enologia, Gestão e Negócios, Informática,
Meio Ambiente, Moda, Saúde, Turismo e Hotelaria.

Visite o site **www.rj.senac.br/editora**,
escolha os títulos de sua preferência e boa leitura.

Fique atento aos nossos próximos lançamentos!

À venda nas melhores livrarias do país.

Editora Senac Rio de Janeiro
Tel.: (21) 2545-4927 (Comercial)
comercial.editora@rj.senac.br

Disque-Senac: (21) 4002-2002

Este livro foi composto nas tipografias Adobe Garamond Pro,
Cambria e The Mix, e impresso pela Rettec Artes Gráficas
e Editora Ltda., em papel *offset* 90g/m², para a
Editora Senac Rio de Janeiro, em março de 2016.